ATÉ AS
ESTRELAS
PARECEM
SOLITÁRIAS

MAYA ANGELOU

ATÉ AS ESTRELAS PARECEM SOLITÁRIAS

Tradução Regina Lyra
Prefácio Djamila Ribeiro

EDITORA
NOVA
FRONTEIRA

Título original: *Even the Stars Look Lonesome*
Copyright © 1997 by Maya Angelou

Todos os direitos reservados, incluindo o direito de reprodução total ou parcial, em quaisquer meios. Esta edição foi publicada mediante acordo com a Random House, um selo e uma divisão da Penguin Random House LLC.

Muitos destes ensaios foram previamente publicados de diferentes formas. Agradecemos sinceramente aos nomes abaixo por concederem permissão para reimprimir material previamente publicado:

BOA Editions Limited: "miss rosie" de *Good Woman: Poems and a Memoir 1969-1980*, de Lucille Clifton. Copyright © 1987 de Lucille Clifton. Reimpresso com permissão da BOA Editions Limited, Rochester, NY 14604.

Thompson and Thompson: Trecho de 10 linhas de "Heritage" de *Colors*, de Countee Cullen. Copyright detido pelo Amistad Research Center, administrado por Thompson and Thompson, New York, NY. Reimpresso com permissão de Thompson and Thompson.

Alfred A. Knopf, Inc. e *Harold Ober Associates, Inc.*: "Minstrel Man", de *Collected Poems*, de Langston Hughes. Copyright © 1994 pelo Estate of Langston Hughes. Os direitos em todo a Commonwealth britânica são controlados por Harold Ober Associates, Inc. Reimpresso com permissão de Alfred A. Knopf, Inc., e Harold Ober Associates, Inc.

MCA Music Publishing: Trecho de "Key to the Highway", letras e música de Big Bill Broonzy e Chas. Segar. Copyright © 1941, 1963 por MCA-DUCHESS MUSIC CORPORATION. Copyright renovado por MCA-DUCHESS MUSIC CORPORATION. Copyright internacional assegurado. Todos os direitos reservados. Reimpresso com permissão da MCA Music Publishing.

Reed Visuals: Trecho de "I Am a Black Woman", de *I Am a Black Woman*, de Mari Evans (Nova York: William Morrow & Company, 1970). Copyright © 1970 por Mari Evans. Reimpresso com permissão do autor.

University Press of Virginia: "Little Brown Baby", de *The Collected Poetry of Paul Laurence Dunbar*, editado por Joanne Braxton, publicado em 1993. Copyright © 1993. Reimpresso com permissão da University Press of Virginia.

Direitos de edição da obra em língua portuguesa no Brasil adquiridos pela EDITORA NOVA FRONTEIRA PARTICIPAÇÕES S.A. Todos os direitos reservados. Nenhuma parte desta obra pode ser apropriada e estocada em sistema de banco de dados ou processo similar, em qualquer forma ou meio, seja eletrônico, de fotocópia, gravação etc., sem a permissão do detentor do copirraite.

EDITORA NOVA FRONTEIRA PARTICIPAÇÕES S.A.
Av. Rio Branco, 115 – Salas 1201 a 1205 – Centro – 20040-004
Rio de Janeiro – RJ – Brasil
Tel.: (21) 3882-8200

Dados Internacionais de Catalogação na Publicação (CIP)

A584a Angelou, Maya
      Até as estrelas parecem solitárias / Maya Angelou; traduzido por Regina Lyra. – 1.ª ed. – Rio de Janeiro: Nova Fronteira, 2023.

      Título original: *Even the Stars Look Lonesome*

      ISBN: 978.65.5640.759-3

      1. Literatura americana. I. Lyra, Regina. II. Título.

CDD: 810
CDU: 821.111(73)

André Queiroz – CRB-4/2242

Conheça outros livros da editora:

Dedico estas reflexões às crianças que atingirão a maturidade no século XXI.

Elas terão o encargo de acabar com as guerras, promover a igualdade, erradicar as doenças, estabelecer a justiça e ampliar a felicidade. Em resumo, fazer deste um mundo perfeito. Esta é uma lista de algumas das que conheço e amo:

Elliott Jones
Latasha Payne Johnson
Dori Colly
Shannon Fulcher
Asia Simpson
Stevie Jones Sharpe
Brianna Elizabeth Lear
Madeline Rose Lear
Tabari Mabon
Devyn LaCamera
Anthony Fulcher
Miles Loomis
Danté Glenn
Naima Muhammad
Travis Thompson
Monique Kelley
Ashley McPherson
Andrea McPherson

Devin Williams
Alandra Hawkins
Jurel Hawkins
Kenya Christina Garris
Christopher Johnson
Patrick Johnson
Talisha Potts
Christopher MacRae
Sean MacRae
Mark MacRae
Akeem Jamal Johnson
George Two Rogers
As crianças Shestack
Benjamin Lear
Jasmin Andrews
Jackie Robert Kelley Jr.
Danielle McPherson

E TODAS AS CRIANÇAS DO MUNDO

Sumário

Prefácio 9
Uma casa pode ferir, um lar pode curar 13
A África 21
Envelhecer 27
Godfrey Cambridge e a fama 31
Uma ode à sensualidade 37
Eles vieram para ficar 41
Mamãe e a liberdade 47
Amando aprender 51
Passagem poética 55
A arte na África 61
De férias 69
A idade e a sexualidade 73
Museus rurais — romance sulista 81

Ouso ter esperança   89
Pobre pobreza   95
O perigo da negação   97
O ódio contra a violência   99
A arte para o bem da alma   103
Os que realmente sabem ensinar   117
Até as estrelas parecem solitárias   121

Prefácio

Maya Angelou cuidou muito bem de seu dom em proferir a palavra ancestral. Sua escrevivência, como nos ensina o termo cunhado por Conceição Evaristo, é uma linha pela qual se tece a história do povo negro estadunidense durante a segunda metade do século XX.

E quando escreve sobre si, contando sobre seus causos que se encontram com a história regados por uma autocrítica pedagógica, Maya nos edifica a crescer e nos honra por poder ter acesso a essa vastidão de consciência que nos engraça em um astral leitor capaz de levar-nos a ler o livro sem ver o tempo passar.

Por isso, foi uma alegria quando fui contatada para escrever este prefácio. Aceitei na hora e de olhos fechados, pois já sabia que as palavras que viria a encontrar conversam com a vida de todo um povo que toma a benção da mais velha.

Escrito quando estava para completar setenta anos (a escritora faleceu aos 86 anos), o livro é mais um entre uma série que publicou sobre ensaios autobiográficos, que vêm sendo traduzidos ao português brasileiro.

Neste livro, suas primeiras notas contam a história do fim do seu relacionamento com seu ex-marido, o construtor britânico Paul du Feu, com o qual viveu o mais longevo relacionamento. "Uma casa pode ferir, um lar pode curar", afirma Angelou no título, que se casa graciosamente com o ensaio posto de uma forma que tanto se abre para quem está lendo, como preserva o amor que viveu.

Um outro ensaio trouxe-me iluminações sobre fatos da minha própria vida, ao descrever como a arrogância diante do pouco de fama que tinha levou-a a murchar. Ela conta sobre um momento marcante que serviu de lição de postura como uma celebridade. Um fato interessante é que Maya foi uma mulher negra reconhecida por seus múltiplos talentos em vida e por décadas foi uma figura de imenso destaque na cena artística e literária estadunidense.

Ícone no país da América do Norte, de onde emerge a maioria dos seus escritos, a África também está no centro de suas reflexões. "Ela vive em nós num nível primordial, inexplicável, embora inquestionável", afirma no ensaio "A arte na África", no qual conta sobre a mitologia iorubá, que veio para o Brasil junto do povo escravizado e deu origem ao candomblé.

Pedindo licença ao seu contato com a mitologia iorubá, a lógica dos orixás ressoa na sua escrita, seja pela forma de pensar a velhice como um lugar de respeito, sabedoria e sensualidade, ou ainda como conta passagens de sua vida de forma generosa.

É como se a víssemos diante de um espelho, e sua habilidade em manuseá-lo faz lembrar-me de Oxum, a grande feiticeira, que cuida das próprias joias antes de cuidar dos filhos. A deusa é representada com o abebé, o espelho pelo qual vê a si mesma, mas também todo o redor. Com ele, Oxum pode cegar o inimigo aproveitando a luz do sol; pode vê-lo à distância, iludi-lo como se estivesse distraída. E, com ele, ainda nos ensina que o autoconhecimento é nossa maior riqueza.

Arrisco dizer que reconhecer-se em inúmeros casos contados por Maya neste livro é algo que acontecerá com a imensa maioria das pessoas que lerão a obra, pois isso é algo comum quando lemos ensaios autobiográficos sublimes: os livros se transformam em espelhos.

Se o estímulo ao autoconhecimento é o primeiro ponto que chama a atenção no livro, a grandeza no trato é o segundo. A gratidão já está lá, quando abre o livro com a história sobre seu ex-marido e retorna de modo recorrente, mesmo quando fala sobre seu casamento relâmpago com outro ex-marido, no ensaio "Amando aprender".

Vale ainda destacar o poder das críticas nos ensaios, as quais, mesmo datadas de décadas, seguem contemporâneas, como em "Eles vieram para ficar". Fiquei profundamente tocada por esse texto, um manifesto de reverência às mulheres negras.

Quando fala às mulheres de sua vida, há ainda um toque especial. Da reverência e ode à liberdade na relação com sua mamãe às palavras de admiração à sua querida mais nova, a grande Oprah Winfrey, de todo modo Maya preserva a cada uma das pessoas citadas sua dignidade.

No último ensaio, homônimo ao título deste livro, a mesma escritora que reveste os afetos e encontros de dignidade enxerga a dignidade na solidão. Também por esta multiplicidade, é um enorme prazer ler Maya Angelou.

Desejo a todas e todos uma ótima leitura.

São Paulo, novembro de 2023.
Djamila Ribeiro

Uma casa pode ferir,
um lar pode curar

Meu último casamento foi uma combinação perfeita. O acompanhamento musical esteve a cargo de Gabriel, e os anjos ficaram tão felizes, que milhares deles dançaram na cabeça de um alfinete.[1] Era o casamento definitivo. Meu marido havia largado a faculdade de arquitetura e se tornado um construtor. Na verdade, na Inglaterra, país em que morava, ele era chamado de mestre-construtor. Nós nos casamos em Los Angeles, onde seu negócio consistia

---

[1] A indagação "Quantos anjos podem dançar na cabeça de um alfinete?" foi feita pela primeira vez por São Tomás de Aquino. (N.T.)

em comprar e reformar casas antigas para então vendê-las com um bom lucro. Mais tarde, nos mudamos para o condado de Sonoma, e ali ele encontrou mais casas antigas para restaurar, devolvendo uma aparência nobre e distinta a mansões vitorianas e modernizando bangalôs da década de 1930. Após vários anos de uma vida matrimonial entusiástica, fomos morar em Pacific Palisades, num condomínio futurista com salas de estar projetadas sobre um cânion californiano que exibiam uma ousadia e uma despreocupação em geral encontradas apenas nos ébrios contumazes quando tentam aparentar sobriedade. Lá, em meio àquele ambiente caro e sofisticado, a estrutura do meu casamento começou a ruir.

Fazendo coro a todos que sofreram decepções amorosas, digo: "Não sei o que deu errado." Mas aposto que foi a casa. A sala de estar ocupava dois andares, e, quando pendurei meus quadros de 1 x 1,5 metro nas paredes, naquela imensidão, eles diminuíram e viraram meros pôsteres coloridos ampliados. Estendi meus tapetes indianos e paquistaneses sobre o carpete bege que revestia o piso de parede a parede e eles se afogaram na vastidão da sala, parecendo nada mais que jogos americanos numa espaçosa mesa de reuniões.

Tudo era embutido — o fogão, o micro-ondas, a grelha, a lixeira, o compactador de lixo. Meu marido já não tinha o que fazer.

Antes, quando o nosso casamento se mostrava frágil — como acontece com todos os casamentos, suponho —, eu brigava com ele por protelar a tarefa de levar o lixo para fora, ou por não separar as latas das garrafas de vidro, ou por se recusar a limpar a churrasqueira e retirar as cinzas. Mas, minha nossa, agora que a casa fazia tudo sozinha, eu já não podia culpá-lo pelas suas falhas inconsequentes, sendo forçada a enfrentar os nossos problemas reais.

Provocando um ao outro ou não, ainda conseguíamos conversar. Perguntei qual era o problema para ele. "É esta maldita casa", ouvi. "Somos pessoas simples e ela é pretensiosa demais" (na verdade, questionei se éramos mesmo pessoas simples. Eu era a primeira escritora/produtora negra da Twentieth Century Fox, membro do conselho curador do American Film Institute e palestrante em várias universidades no mundo todo — de Yale à Universidade de Milão, na Itália. Ele era construtor em Londres, formado na London School of Economics, o primeiro a ser fotografado quase nu para a página central da revista *Cosmopolitan* e era ex-marido de Germaine Greer. Nossas credenciais, boas ou ruins, não contribuíam propriamente para nos caracterizar como pessoas simples).

Concordamos quanto à teoria de que a casa estava nos separando. Ele achava que havia chegado a hora de nos mudarmos para o norte da Califórnia, onde a grama era mais verde e o ar, mais puro, e onde poderíamos levar uma vida mais simples. Eu me dedicaria à poesia e ele construiria moradias comuns.

Ele saiu à caça de um lugar para morarmos na Bay Area e encontrou uma casa *art déco* nas colinas de Oakland com uma vista fantástica da ponte Golden Gate. Sua alegria me contagiou. Nosso casamento voltava aos eixos. Formávamos um casal excêntrico, amoroso e incomum, decidido a levar uma vida vibrante e divertida. Compramos a casa em Castel Drive, de um casal que havia se casado no ano anterior e dedicado um tempo a devolver ao imóvel as três cores pastel originais. Confesso que fiquei meio incomodada quando soube que os dois haviam se divorciado antes mesmo de irem morar lá, mas coloquei na cabeça que isso era problema deles e não necessariamente um mau agouro para a nossa nova moradia.

Meu marido e eu nos mudamos. O lindo assoalho de parquê acolheu divinamente meus tapetes orientais. Ao pendurar os quadros, precisei me adaptar aos cantos arredondados, mas deu certo. Meus sofás avantajados tinham como prioridade acomodar quem quisesse se sentar olhando para o jardim e para a baía. No cômodo em que ficava o bar, as janelas circulares davam para a cozinha, onde não havia compactador nem lixeira, apenas um fogão a gás. O piano ocupava um canto da sala de estar e pusemos mesas de jogo bonitas perto do bar para entreter a nós e aos nossos convidados com *bid whist* e outros jogos de salão. Pensei comigo mesma: *Isso que é vida*.

Em menos de um mês cheguei à conclusão de que a casa me odiava. Não me consolou o fato de que ela também odiava o meu marido. Todos me consideravam uma boa cozinheira, e às vezes meus esforços culinários exibiam toques de brilhantismo. Naquela casa de Castel Drive, porém, se eu assasse um pão ou um bolo, o resultado inevitavelmente seria uma massa solada e ressentida. Quando fritava uma coxa de galinha empanada, a pele e a massa ficavam crocantes, mas no osso havia sangue, vermelho como uma cereja. A cama *king-size* que tínhamos levado de Berkeley para Los Angeles e de Los Angeles para Oakland desabou no meio da noite sem qualquer contribuição ativa dos ocupantes. Minhas cortinas, penduradas por um profissional, caíram dos trilhos. As portas saíram do prumo e o meu piano vivia desafinado. A casa nos odiava.

O meu cachorro, Toots, um airedale terrier, preferia ficar no quintal a entrar em casa, a despeito do frio. Tivemos o trabalho e a despesa de construir uma casa de cachorro, embora a ideia fosse mantê-lo dentro de casa para me fazer companhia. Ao fim de seis meses, meu marido e eu mal nos falávamos, e passado um ano da mudança para aquele formal edifício arquitetônico decidimos de comum acordo encerrar a luta para salvar o nosso casamento.

Éramos proprietários de duas casas espaçosas. Viajei para passar três semanas fora e pedi que ele se mudasse para uma delas na minha ausência, levando o que bem quisesse dos móveis, dos quadros e da roupa de cama e mesa, além de mais coisas que havíamos acumulado juntos.

Voltei para casa numa noite escura e me veio à lembrança algo que eu dissera a um entrevistador anos antes. Perguntada sobre qual eu gostaria que fosse a minha última refeição antes de morrer, respondi: "Não gosto de pensar com tanta antecedência, mas, se eu fosse para Marte amanhã, iria querer uma galinha assada, um vinho branco bem gelado e uma bela broa de pão." Quando entrei na casa no escuro, fui recebida pelo aroma de galinha assada. Na porta da geladeira, um bilhete dizia: "Tem uma galinha assada no forno, uma garrafa de vinho gelado na geladeira e uma bela broa de pão na bancada. Obrigado pelos bons tempos." Nossa, esse era o tipo de homem com quem eu sempre quis me casar e com o qual me casei. E, se não fossem aquelas duas malditas casas, ainda estaria casada com ele.

Meu marido declarou que permaneceria na Bay Area. Concluí que, como havíamos descoberto juntos os melhores restaurantes, os melhores amigos, os melhores bares e os melhores parques, seria inevitável, caso eu permanecesse também, entrar num restaurante um dia ou num bar uma noite e encontrá-lo lá com a minha substituta, ou ele entrar num restaurante ou num bar e me encontrar com o seu substituto. Nosso relacionamento havia sido por demais amistoso para nos permitirmos correr o risco de tamanho constrangimento.

Foi assim que dei ao meu ex-marido a Bay Area — dei a ele São Francisco e Oakland, as colinas, as baías e as pontes e toda essa beleza. Mudei-me para a Carolina do Norte. Achei que encontraria um chalezinho limpo, entraria ali e me aconchegaria abrigada sob suas paredes charmosas. Pensei que seria muito poético e que assim eu daria conta do restante da minha vida.

No entanto, ao chegar à Carolina do Norte, me dei conta de que a minha antiquada mobília gigantesca jamais caberia num chalé. Também ponderei que, se me mudasse de uma casa de dez cômodos nas colinas de Oakland para um imóvel menor, eu estaria dizendo, ao menos para mim mesma, que os meus recursos haviam sido reduzidos. Por isso, comecei a procurar uma casa grande. E achei.

Quando entrei, a mulher que estava vendendo o imóvel tivera o bom senso e a perspicácia de assar biscoitos de gengibre e pão fresco. O lugar tinha cheiro de casa. O aroma chegou até a soleira da porta, me abraçou e me puxou para dentro.

Ofereci uma boa quantia em depósito, explicando que queria fazer um contrato de aluguel por um ano e, caso depois desse período resolvesse não comprar a casa, a caução ficaria para ela. Os proprietários disseram que não era necessário. Conheciam o meu trabalho e queriam que eu ficasse com o imóvel. As condições que me propuseram foram irrecusáveis.

Comprei a casa e enquanto a reformava ela foi me moldando também. Adicionei um quarto para o meu neto, que estava desaparecido havia quatro anos. Ele reapareceu quando a obra ficou pronta. Um homem a quem eu adorara a distância declarou seu amor incondicional por mim.

Quando tomei posse da casa, ela tinha dez cômodos, e adicionei mais um. Hoje são 18 cômodos. O pedreiro me perguntou se eu pretendia chegar à rua vizinha sem pôr o pé do lado de fora. Não se trata mais da minha casa, mas do meu lar. E, por ser o meu lar, eu não apenas me vi curada da dor gerada pelo fim de um caso de amor, como também descobri que, quando alguma coisa que escrevi não satisfaz as minhas expectativas, já não sofro tanto. Acho que as minhas mazelas físicas, que fazem parte do processo de envelhecimento, não me deprimem muito profundamente. Sinto que dou risadas com mais facilidade e perdoo com mais rapidez. Minha felicidade é muito maior quando recebo pequenos agrados e distribuo grandes presentes. E tudo isso porque finquei raízes no meu lar.

Minha vida e a sorte me carregam mundo afora, mas, quando estou no avião e o piloto diz "Senhoras e senhores, iniciamos a nossa descida na Carolina do Norte", me sinto mais leve, meu coração se aquece e um sorriso grande ilumina meu rosto. Sei que logo entrarei num carro que vai parar numa ruazinha tranquila em Winston-Salem e me deixar no meu lar.

A África

"**O** que é a África para mim?", pergunta Countee Cullen em seu poema "Legado", escrito em 1926.

> *O que é a África pra mim:*
> *Sol de cobre ou mar carmim*
> *Natureza virgem ou trilhas partilhadas*
> *Homens fortes bronzeados ou negros retintos*
> *Mulheres de cujas entranhas saí*
> *Enquanto cantava o bem-te-vi?*
> *Alguém há três séculos distante*
> *Do cenário que seus ancestrais amavam*
> *Pau de canela, cheiro de jasmim,*
> *O que é a África pra mim?*

Até poucas décadas atrás, as respostas a essa pergunta podiam incluir qualquer coisa desde o uivo sub-humano do Tarzan até o retrato feito por Ernest Hemingway do romântico Continente Negro povoado por animais selvagens, caçadores brancos e carregadores negros. Um grande número de negros, bem como de brancos norte-americanos, ignorava em igual medida tanto a história quanto a cultura africanas.

Nos anos que precederam o grito de protesto "Black is beautiful", antes mesmo da decisão de 1954 da Suprema Corte que baniu a segregação nas escolas públicas, estudei dança em Nova York com a lendária Pearl Primus. A sra. Primus era antropóloga social e uma bailarina famosa, além de ser uma professora rigorosa. Numa visita à África para uma pesquisa, deram-lhe o nome de Omowale, "filho pródigo". Ela voltou aos Estados Unidos firmemente decidida a ensinar dança africana nos mínimos detalhes.

Após um ano de estudo com ela, a sra. Primus, que não era dada sequer a modestos elogios, me disse que eu talvez pudesse, quem sabe um dia, vir a ser uma boa dançarina e mesmo uma professora razoável. Munida dessa recomendação generosa, parti para uma cidade do Meio-Oeste que se gabava de ter um centro cultural negro-americano[1]

---

[1] Durante décadas, a expressão "negro-americano" foi amplamente utilizada para se referir a pessoas de ascendência africana nos Estados Unidos. No entanto, nos últimos anos a expressão caiu em desuso, sendo preferível o emprego de termos mais inclusivos e respeitosos, como "afro-americano" ou "africano-americano". (N.E.)

(o termo era então aceitável). Fui contratada como instrutora de dança e fiquei no emprego durante duas semanas. As famílias negras de classe média cujos filhos eram meus alunos protestaram em uníssono: "Por que ela está ensinando dança africana aos nossos filhos? Não perdemos coisa nenhuma na África."

Existe uma explicação principal para essa velha imagem negativa da África e de tudo que é africano. Os que lucravam com a escravidão precisavam convencer a si mesmos, bem como a seus clientes, de que as pessoas escravizadas por eles não eram muito diferentes de animais. Não podiam admitir que os africanos viviam em comunidades baseadas em estruturas sociopolíticas nem melhores nem piores do que suas contrapartidas europeias na época. Os vendedores de escravizados tinham de persuadir os compradores de que o africano era um ser primitivo, canibal e bastante merecedor da opressão. Que outra maneira haveria de calar a voz cristã — como tranquilizar a consciência cristã?

Séculos de culpa, ignorância e vergonha emudeceram a história e a cultura africanas. Os próprios africanos escravizados, separados de seus irmãos de etnia e de seus idiomas, obrigados pelo chicote a falar outra língua do dia para a noite, se viam incapazes de transmitir as histórias do seu povo, seus feitos, rituais, suas religiões e crenças. Nos Estados Unidos, os escravizados foram afastados até dos seus tambores, os instrumentos de instrução, celebração e diversão na terra natal. Em poucas gerações, os detalhes dos reinos de Gana e Mali e do Império Songhali se tornaram vagos em suas mentes. O conceito *mende* de beleza e a ideia *ashanti* de justiça desapareceram, levando junto os antigos nomes de família e as complexas leis de cada etnia. Os escravizados passaram com demasiada rapidez a acreditar no que acreditavam os seus senhores: a África era um continente de selvagens.

À exceção de raros acadêmicos e viajantes observadores, o africano em sua terra natal (no continente) era visto como uma caricatura da natureza; daí a conclusão de que os africanos em outros lugares (os negros em outras partes do mundo) só eram melhores devido ao contato com os brancos. Mesmo na seara religiosa, a crença africana era chamada de fetichista, por acreditar em gravetos e ossos. A maioria das pessoas não identificava a correlação dos *gris-gris* (amuletos) africanos com as contas dos mosléns (muçulmanos) e com o rosário dos católicos.

Como, então, explicar que essa gente supostamente sem cultura pôde influenciar tanto as culturas de seus captores e até as de estranhos distantes com os quais não haviam tido contato?

Na maior parte das danças sociais em todo o mundo, com exceção das étnicas — a polca, a hora ou a hula —, a influência do movimento africano é evidente. A música popular foi internacionalmente moldada pelos blues e estruturada pelo jazz. Os Beatles teceram loas à música afro-americana como fonte de inspiração da banda, e Elvis Presley especificamente agradeceu ao cantor de blues Arthur "Big Boy" Crudup por este ter inspirado seu ritmo e estilo. O Museu de Arte Moderna tem uma exposição que mostra a notável influência da escultura africana na arte de Picasso, Modigliani e Klee. O estilo internacional, que inclui a moda, o jeito de falar e o humor, seria insosso e aguado sem a infusão da criatividade africana.

Morei na África Ocidental durante mais de quatro anos e com frequência flagrava comportamentos que me eram familiares nos Estados Unidos e que eu considerava oriundos do negro norte-americano ou, no mínimo, dos que habitavam o Sul do país. Descobri que os africanos quando em grupo, quer seus laços fossem de sangue ou matrimônio, eram chamados por seus títulos familiares: tio, *bubba*, irmão, *tuta*, irmã, mamãe, papai, e que os negros norte-americanos — eu sabia disso — haviam mantido tal hábito. Com relutância, fui forçada a aceitar que, embora as características do Pai Tomás e da Tia Jemima[2] fossem fictícias, meras fantasias de brancos ignorantes, os rótulos de titio e titia sem dúvida tinham sido trazidos

---

[2] Pai Tomás (*Uncle Tom*, no original) é um personagem criado pelo escritor Harriet Beecher Stowe no romance *A cabana do Pai Tomás*, enquanto Tia Jemima – uma caricatura da tradicional criada negra – se popularizou nos Estados Unidos ao estampar embalagens de produtos culinários. Ambos são termos pejorativos por representarem o estereótipo do negro feliz em suas funções e subserviente aos brancos. (N.E.)

da África e plantados na consciência do Novo Mundo pelos escravizados desenraizados. A postura dos negros norte-americanos nas igrejas, seu canto, suas reações, suas marchas fúnebres são extensões africanas, e as terapias herbáticas que ainda hoje são usadas remontam à África, o lugar de onde são originárias.

Embora milhões de africanos tenham sido levados do continente entre o século XVI e meados do século XIX, muitos africanos no continente não demonstram preocupação com os descendentes de seus ancestrais perdidos. Muitos não sabem que sua cultura foi disseminada em todo o mundo por esses mesmos descendentes infelizes e às vezes desesperançados. A cultura africana está viva e pulsante. Um provérbio africano traduz a verdade: "O machado esquece. A árvore tem memória."

Envelhecer

Nos dias resolutos da minha juventude, toda vez que me perguntavam o que eu pensava sobre envelhecer, minha resposta era sempre algo brusco e atrevido, que escondia uma profunda convicção de que jamais iria viver além dos 28 anos. Lágrimas marejavam meus olhos e me banhavam o rosto quando eu me imaginava morrendo antes que meu filho atingisse a puberdade. Cheguei aos 36 anos antes de me dar conta de que já vivera bem mais do que meu prazo fatal e tive de rever meu conceito de uma morta prematura. Eu veria meu filho adulto e viveria a meia-idade. Com essa percepção a vida se tornou mais doce. Antigos relacionamentos superficiais se transformaram em amizades e novos relacionamentos interessantes se mostraram mais atraentes. Velhos amores onerados com lembranças de decepções e traições fizeram as malas e partiram sem deixar endereço, e novos amores deram o ar da graça.

Resolvi que me permitiria viver até uma idade avançada e veneranda. Fios de cabelo branco se fundiriam para formar uma estreita mecha branca como a neve brotando da minha têmpora. Eu passaria a falar mais devagar, escolhendo as palavras com o cuidado de uma estadista idosa, uma Madame de Staël ou uma Mary McLeod Bethune. Usaria deliciosos aromas florais — lavanda e lilás — evocativos de lenços de renda e sachês antiquados. Minhas roupas aos poucos ficariam com um toque mais requintado: terninhos cinza com belos broches nas lapelas e vestidos elegantes. E, embora me recusasse mesmo sob tortura a usar sapatos senhoris, eu abandonaria os saltos agulhas de sete centímetros que haviam me dado a vantagem de ser mais alta do que quase todo mundo e passaria a escolher bons sapatos com saltos médios, com exceção dos dourados ou prateados para festas *black-tie*.

Esses eram os meus planos. Ah, sim, eu buscaria a companhia de outras idosas igualmente embonecadas e teria sempre um janota elegante segurando meu braço.

Esses eram os meus planos, mas Robert Burns tinha razão: "Os esquemas mais bem montados..." Os meus com certeza foram para o brejo.

Aos sessenta anos, o meu corpo, que jamais parecera agir por conta própria, se tornou ruidoso, teimoso e deliberadamente traiçoeiro. A pele das minhas coxas encaroçou, minha cintura engrossou e os meus seios... É melhor nem entrar nesse assunto, salvo para dizer que aparentavam disputar uma corrida para ver qual deles chegaria primeiro aos meus joelhos.

A dúvida e o pessimismo me assaltaram com um terrível abraço siamês:

Foi-se o amor, foi-se a juventude
e o fogo tomou tudo de assalto,
a galope,
uma horda de saqueadores
montando corcéis ajaezados,
sugou as gotas do sol,
abateu os brotos de grama
dos meus anos tão bem arados.

As provas: cintura roliça
coxas coriáceas, que triunfam
sobre a minha indiferença vencida.

Depois dos cinquenta e cinco
o campo de batalha mudou.
Preciso alistar novos soldados.
Minha resistência,
antes tão natural quanto o ar,

me importuna no escuro.
Essa batalha merece ser lutada?
Essa guerra merece ser travada?

Por que não saudar a idade
sem lamúrias e deixar
para os jovens de fato
o domínio do palco?

Agora, porém, mais perto do meu septuagésimo aniversário, meu otimismo voltou.

Meu apetite também voltou com um vigor voraz. É verdade que não posso comer *choucroute garnie* nem galinha frita com salada de batata e depois ir direto dormir. Consumo porções menores mais cedo e tento dar uma caminhada curta. Um uísque que desça redondo ainda me faz sorrir e um vinho decente é recebido com gratidão. Homens e música ainda me deleitam, é lógico, às vezes com moderação. Basicamente, o que aprendi até agora sobre envelhecer, apesar do rangido dos ossos e da aspereza da pele antes sedosa, foi o seguinte: vale a pena. Sem dúvida, vale a pena.

Godfrey Cambridge e a fama

Godfrey Cambridge era um comediante desempregado, vez por outra taxista e meu parceiro nas badalações pela cidade. Eu estaria disposta a trocar nossa amizade por um caso de amor, mas, como tantos homens por aí, Godfrey só se interessava por mulheres que não se interessavam por ele. Até hoje ainda não sei se essa atitude se deve às delícias da caça ou a algum tipo de masoquismo.

Na década de 1950, eu tinha uma renda razoável para sustentar a mim e ao meu filho como cantora de boate. Quando assinei um contrato para me apresentar no Gate of Horn em Chicago, amigos meus em Nova York deram uma festa em minha homenagem. Godfrey se ofereceu para me deixar lá em seu táxi. Prometeu retornar por volta das duas da manhã, passar alguns minutos e me levar para casa, no Brooklyn.

Depois de curtir a pista de dança por quase uma hora, procurei um lugar para me sentar, porém não sem antes olhar à volta para a minha plateia. Parte do meu prazer em dançar derivava da certeza de que até alguns dançarinos profissionais apreciavam meu talento. Me agradava saber que eles gostavam de mim, e jamais resisti ao impulso de observar a admiração em seus rostos, em seus olhos.

Naquela noite fiquei pasma. Para meu espanto, ninguém olhava para mim. Todos os olhos estavam focados num homem que mais parecia uma baleia, sentado como um Buda encostado em uma parede no outro extremo do salão. Poucos se aproximaram da figura enorme, enquanto os que apenas ousavam contemplá-lo com algum receio permaneciam sentados ou de pé, profundamente atentos.

Eu não era uma nova-iorquina autêntica, como provavelmente também não eram os demais presentes, mas ao menos estes tinham a seu favor os anos a mais de experiência, e, embora não fizesse a mínima ideia de quem era o homem, com certeza eu não iria chamar a atenção de ninguém para a minha ignorância.

Fui até o bar e entabulei conversa com o indiferente barman. Depois de dois drinques, resolvi não abrir mão dos meus infiéis admiradores. Comecei a procurar pares para dançar comigo. Sem ter encontrado nenhum, dancei sozinha, rodopiando a meu bel-prazer até ficar exausta.

Após mais uma visita ao bar, atravessei o espaço livre usado como pista de dança a fim de me aproximar daquela montanha de homem, que, secretamente, eu concluíra ser um líder do tráfico. Sua voz soou em parte como grunhido e em parte como um sussurro:

— Oi, qual é o seu nome?

Respondi:

— É Maya. Qual é o seu?

Ele disse:

— Myra? O que está fazendo aqui? Com quem você veio?

Transformei a minha imponência, minha juventude e o meu treinamento num obelisco de dignidade:

— Esta festa é para mim. Posso saber o que *você* está fazendo aqui?

A voz dele fazia jus perfeitamente ao seu volume.

— Buddy Young me trouxe e estamos nos preparando para ir embora. É seu aniversário ou algo do tipo?

Eu sabia que ele não entenderia, mas expliquei mesmo assim.

— É uma festa de despedida. Viajo amanhã para Chicago. Sou cantora.

— Quero ligar para você, Myra, gosto de como você dança. Onde vai ficar em Chicago? Vou ter uma luta lá.

Hum, ele ao menos havia notado a minha coreografia. Dei o nome do meu hotel.

Ele perguntou:

— E o seu nome é Myra. E o resto?

Eu respondi. Então ele disse:

— Vou ligar para você. Eugene Lipscomb. Não esqueça. Sou Eugene Lipscomb.

Dito isso, passou por mim apressado e saiu.

Godfrey voltou e, como estava atrasado, quando foi me chamar já trazia nas mãos nossos casacos.

— Vamos. Ainda dá para eu trabalhar umas duas horas antes que amanheça.

Saímos, então, depois de nos despedirmos.

Quando já estávamos chegando ao táxi estacionado, ele indagou:

— Me disseram que você estava falando com um sujeito grandalhão. Quem era? Pretende se encontrar com ele depois?

— Acho que não. Ele nem conseguiu pronunciar o meu nome. Ficou me chamando de Myra. "Myra, não esqueça que me chamo Eugene, Eugene Lipscomb" — falei, imitando o grandalhão.

Godfrey parou e me agarrou pelos ombros, tudo ao mesmo tempo.

— Você disse Eugene Lipscomb?

Assenti. Godfrey estava me sacudindo.

— Garota, você não sabe quem ele é? Não sabe que ele é Big Daddy Lipscomb, o maior marcador do mundo? O astro do Green Bay Packers?

Ele me soltou e, dando meia-volta, saiu correndo pela calçada cheia de neve, como se fosse ele mesmo um jogador do Green Bay Packers tentando driblar a marcação de Big Daddy.

Fiquei sozinha sob o frio gélido da madrugada, enquanto meu amigo voltava para o apartamento quentinho para prestar tributo aos pés de um homem que já fora embora e que eu avaliara como indigno da minha atenção.

Minto: não fiquei sozinha, mas na companhia da vergonha e do remorso pelo meu comportamento arrogante. Também aprendi uma lição que infelizmente viria a reaprender muitas e muitas vezes.

Se um pouco de instrução é coisa perigosa, um pouco de fama pode ser devastador. A mulher sábia pensa duas vezes e fala uma só, ou melhor, fica calada, mantém seu silêncio, e seus pensamentos, e seu equilíbrio, aparentando ser muito versada, ainda que não seja, e, acima de tudo, não permite que uma mera celebridade a convença de que só porque consegue ler o nome da estação seguinte ela já chegou onde deseja.

Em algumas ocasiões públicas, agi de forma sábia, inteligente, com postura e controle estudados. Outras vezes, me comportei com menos sutileza do que um neandertal exigindo aos urros o jantar.

Como a fama ou a celebridade afetam nossos encontros com outras pessoas?

Existe um momento que me apavora, pois nem sempre tenho certeza de como vou reagir. Por exemplo, quando um estranho me aborda e diz: "Reparei que todos nesta festa [ou neste avião, ou neste restaurante] parecem conhecê-la. Ora, eu não conheço. Você é alguém?" Nessas ocasiões, às vezes sorrio e respondo de forma enigmática: "Muito obrigada." Em outras, é possível que eu diga: "Provavelmente não, já que você, que é alguém, precisa perguntar." A pior resposta que já dei foi: "Sim, sou poetisa. Aliás, bastante famosa, e lamento que você não soubesse disso." Assim que essas palavras arrogantes saem da minha boca, eu murcho. Começo a me questionar se estou tão enfatuada com o dom que o Criador me deu que Deus talvez se irrite e o tire de mim.

Um provérbio africano diz que "O problema para o ladrão não é roubar a trombeta do chefe, mas saber onde tocá-la". Na minha tradução, isso quer dizer que o problema do receptor não é como aceitar um dom (até o dom da fama), mas saber partilhá-lo com fineza.

Uma ode à sensualidade

Existe uma intolerância cruel e burra entre os jovens. Sei disso porque na tenra idade dos trinta anos eu era dada a declarar num tom indignado: "Mulheres idosas de cinquenta anos ficam pavorosas usando contas coloridas, sandálias rasteiras e flores naturais no cabelo" e "cansei de homens velhos (de cinquenta anos também) de pele enrugada, que insistem em ainda usar camisas sem gola e pesadas correntes de ouro que descem até o umbigo". Nem sempre me preocupei em saber se o objeto das minhas críticas podia ou não me ouvir sem querer, porque eu achava que, se falasse bem alto, talvez os mais velhos tivessem a sorte de aprender alguma coisa sobre como se vestir direito. Ha, ha.

Ha, ha, com efeito. Agora que me vejo firmemente fincada na minha quinta década, me encaminhando resoluta para os sessenta, sinto que nada me agrada tanto quanto espalhafatosos brincos enormes, blusas que deixam os ombros à mostra e botões vermelhos de hibisco presos no cabelo.

Fico pavorosa? Provavelmente sim para os jovens. Acho que estou pavorosa? Definitivamente, não. Atingi a idade encantada em que posso admitir que a sensualidade me satisfaz tanto quanto a sexualidade e às vezes mais. Não é minha intenção sugerir que me postar numa colina em São Francisco e ser bafejada pelo vento fresco enquanto contemplo o pôr do sol na baía me dá o mesmo prazer que uma noite de amor com o homem das minhas fantasias. Por outro lado, embora a intensidade do prazer do sexo possa pesar mais na balança, a qualidade de uma coisa e outra é igual.

Contrariando olhares maliciosos e sorrisinhos lascivos, a sensualidade não necessariamente leva ao sexo, nem pretende ser um substituto para o sexo. A sensualidade é sua própria recompensa.

Existem aqueles que ficam tão assustados com a ideia de uma diversão sensual que fazem até da própria casa um lugar sombrio e sem alegria. E o pior é que obrigam outras pessoas a compartilhar essa paisagem solitária. Pessoalmente, não quero isso para mim. Quero todos os meus sentidos engajados.

Quero encher meus ouvidos com a música do mundo, como os estalidos da madeira, a risada de gente velha sentada sob os últimos raios de sol e o zumbido de abelhas atarefadas cedinho de manhã. Quero ouvir o som agudo do sapateado e o murmúrio lamentoso de um *spiritual* que vai sendo vagamente relembrado e cantarolado. Quero o ruído ensurdecedor dos címbalos de uma banda marcial e o sussurro de um amante seduzindo sua amada. Que eu possa ouvir pais ansiosos alertando filhos indisciplinados e um pedagogo pedante ensinando aos alunos entediados os mistérios da termodinâmica. Todos os sons da vida e dos vivos, da morte e dos moribundos são bem-vindos ao meu ouvido.

Meus olhos com alegria receberão as cores; a pele calcinada das velhas negras que viajam nos ônibus e o lilás fresco dos olhos de algumas pessoas. Gosto do vermelho-tomate dos vestidos de verão e do acastanhado de uma mesa de mogno bem lustrada. Adoro o verde-escuro das florestas tropicais e o amarelo-sol de uma tigela de limões. Que a minha visão ávida pouse sobre o negrume denso de uma noite sem estrelas e sobre a alvura fresca de roupa de cama recém-lavada. Eu quero o azul. O azul-clarinho de algumas peles e o azul estridente das bandeiras. O azul iridescente das asas dos beija-flores e o azul poeirento do lusco-fusco na Carolina do Norte. Não me assombra o vermelho-sangue do nascimento e o sangue vermelho da morte. Meus olhos absorvem a variedade e a singularidade do mundo.

Sabor e aroma estão firmemente unidos numa bênção casada. Sobre bênção não posso falar, mas muito posso falar sobre esse casamento. O odor fugaz de limão recém-cortado e o aroma floral de morangos fazem com que as minhas glândulas salivares encham minha boca de um líquido puro e cálido. Aceito o gosto salgado de lágrimas causadas por cebolas doces e amor traído. Quero o cheiro do mar e o odor acre dos pinheiros das montanhas. Não rejeito o cheiro sufocante de borracha queimada das ruas urbanas nem o de suor fresco, porque a pungência de ambos me lembra o amargor do chocolate e a acidez do vinagre. Boa parte dos maiores prazeres nos chega pelos sentidos combinados do paladar e do olfato.

Nesse tributo à sensualidade, deixei o sentido do tato como o último prazer a ser explorado. Desejo sentir o toque escorregadio da seda da roupa de baixo e o pinicar da areia na minha sandália de praia. Dou boas-vindas ao sol forte nas minhas costas e ao macio gotejar da neve no meu rosto. Adoro boas roupas que se ajustam sem apertar e mãos fortes e destemidas que cuidam sem causar dor. Quero sentir meus dentes morderem nozes e o sorvete derreter na língua.

Terei aquela noite de sexualidade com o homem que habita as minhas fantasias. Aproveitarei a sensualidade e a sexualidade. Quem disse que é preciso escolher uma ou outra?

Eles vieram para ficar

*Eu
sou uma mulher negra
alta como um cipreste
forte
acima de toda e qualquer definição
desafio espaço
e tempo
e circunstâncias
assombrada
impérvia
indestrutível
Contempla-me
e renova-te*[1]

---

[1] Mari Evans, "I Am a Black Woman" [Eu sou uma mulher negra].

Mulheres negras cujos ancestrais foram levados para os Estados Unidos a partir de 1619 vivenciaram situações tão horríveis, tão bizarras de tão cruéis, que precisaram se reinventar. Precisaram encontrar segurança e abrigo dentro de si mesmas sob pena de não serem capazes de tolerar tamanha tortura. Precisaram aprender depressa a se perdoar, pois com frequência suas ações eram incompatíveis com suas crenças. Ainda assim tinham de sobreviver tão inteiras e saudáveis quanto possível num clima infecto e doentio.

As vidas vividas em tais caldeirões ou são obliteradas ou se transformam em metal impenetrável. Por isso, muito cedo e conscientemente, as mulheres negras se tornaram realidades tão somente para si próprias. Para os outros, quase sempre eram expostas e descritas em termos abstratos, concretas em sua labuta, mas surreais em sua natureza humana.

Conheciam o fardo da sensibilidade feminina sufocada pelas responsabilidades masculinas.

Lutavam contra o horror inescapável de gravidezes recorrentes que só iriam contribuir para alimentar a boca ávida da escravidão.

Conheciam a dor de separações forçadas dos companheiros que não lhes pertenciam, já que mesmo os homens não detinham legalmente a propriedade sobre os próprios corpos.

*E homens, cujo único crime era o tom da pele,
a marca deixada pela mão do Criador,
e crianças frágeis e franzinas, igualmente,
se juntavam naquele grupo lastimável*[2]

A sociedade em geral, observando a revoltante persistência das mulheres em se agarrar à vida, em sobreviver, achou que não tinha escolha senão traduzir a perversidade e as contradições da existência da mulher negra numa fabulosa ficção de múltiplas personalidades. Elas eram vistas como Tias Jemimas aquiescentes, submissas, de rostos sorridentes, regaços fartos, braços roliços prontos para acolher e papadas marrons ressaltadas pelo riso. Eram descritas como prostitutas lascivas e voluptuosas, com calcanhar de frigideira, sem pudor e com insaciáveis apetites sexuais. Eram acusadas de ser matriarcas que subvertiam o comportamento austero, as surras, os olhares impiedosos e as atitudes castradoras.

Quando pensamos nas mulheres habitadas por todas essas assombrações, fica evidente que tais percepções eram alucinações nacionais, raciais e históricas. As contradições espantam até a mais fértil imaginação, pois sua existência não seria possível sem o racismo romântico que as introduziu na psique norte-americana. É surpreendente, acima

---

[2] Frances Ellen Watkins Harper, "The Slave Auction" [O leilão de escravizados].

de tudo, que muitas mulheres tenham de fato sobrevivido sem perder a verdadeira natureza. Nós as encontramos, inegavelmente fortes, indesculpavelmente diretas.

Não se trata aqui de tecer loas à energia da mulher negra. Ao contrário, trata-se de saudá-la como representante de destaque da raça humana. Parabéns aos educadores, aos atletas, dançarinos, juízes, bedéis, políticos, artistas, atores, escritores, cantores, poetas e ativistas sociais, a todos que ousam encarar a vida com humor, determinação e respeito. Eles não toleram hipocrisia, e aqueles que trapaceiam consideram aterradora a honestidade dessas mulheres.

A ternura comovente das mulheres negras e a força majestosa são resquícios da sobrevivência heroica de um povo que foi forçado a se sujeitar, roubado de sua castidade e privado da inocência.

Essas mulheres descenderam de avós e bisavós que conheceram na pele o chicote e para as quais proteção não passava de uma abstração. Seus rostos aqui estão para que gerações os contemplem e se admirem, mas elas são mulheres inteiras. Suas mãos trouxeram novas vidas ao mundo, cuidaram dos doentes e dobraram mortalhas. Seus úteros carregaram a promessa de uma raça que provou a cada século desafiador que veio para ficar, a despeito das ameaças e da violência. Seus pés trilharam o instável terreno pantanoso da insegurança, mas tentaram seguir as pegadas de mães que por ali já haviam passado. Não eram aparições; não eram mulheres-maravilhas; apesar da enormidade de suas lutas, não são descomunais. A humanidade nelas é evidente na própria acessibilidade. Podemos penetrar no espírito dessas mulheres e encontrar júbilo em sua calidez e coragem.

Todas elas são joias preciosas. Graças à sua persistência e à sua arte, ao riso sublime e ao amor, ainda podemos sobreviver à nossa história grotesca.

Mamãe e a liberdade

Ela se postou à minha frente, uma bonita mulher asiática, toda produzida, 18 centímetros mais baixa do que a minha envergadura ossuda de 1,80 metro. Os olhos eram meigos, e a voz, frágil.

— Você está decidida a ir embora? Não tem volta?

Eu tinha 17 anos e pulsava com uma rebeldia apaixonada. Além disso, era filha dela e, consequentemente, qualquer que fosse a natureza independente que eu herdara, sem dúvida fora alimentada ao longo do nosso convívio durante os últimos quatro anos.

— Você vai embora da minha casa?

Recolhi-me dentro de mim mesma e respondi:

— Vou. Encontrei um quarto.

— E vai levar o bebê?

— Sim.

Ela me deu um sorriso em parte orgulhoso, em parte penalizado.

— Muito bem, você é uma mulher. Não tem marido, mas tem um filho de três meses. Só quero que se lembre de uma coisa. A partir do momento em que sair desta casa, não deixe que pessoa alguma molde você. Toda vez que entrar num relacionamento, você terá de fazer concessões, acordos, e não há nada de errado nisso. Mas não esqueça que a vovó Henderson em Arkansas e eu lhe demos todas as leis de que você precisa para viver. Faça o que é certo. Você está criada.

Mais de quarenta anos se passaram desde que Vivian Baxter me libertou e me entregou à vida. Ao longo desses anos, amei e perdi, criei o meu filho, finquei raízes em alguns lugares e dei as costas a muitos outros. Recebi a vida como minha mãe a deu a mim nesse estranho dia de formatura tantas décadas atrás.

Nesse ínterim, quando extrapolei meu próprio alcance e caí de cara na frente de um mundo debochado, voltei para que a minha mãe me libertasse mais uma vez. Para que ela me lembrasse de que, embora eu precisasse fazer concessões à vida, nem mesmo a vida tinha o direito de me encher de pancada, de me fazer engolir os dentes, de me forçar a me render. Minha mãe me criou e depois me libertou.

E agora, após tantos anos de provações, sucessos e fracassos, minha atenção se volta para um quarto contíguo ao meu onde minha mãe, antes tão serelepe, está numa cama, ligada por fios azuis a um balão de oxigênio, lutando contra o câncer.

Penso em Vivian Baxter e me lembro da mãe de Frederick Douglass, escravizada numa plantação a quase vinte quilômetros do filho pequeno, mas que depois de um dia inteiro de trabalho estafante cobria a pé essa distância para olhar para o filho, na esperança de que ele sentisse um amor de mãe, voltando depois para a plantação a tempo de dar início a mais um dia de labuta. Ela acreditava que o amor da mãe era libertador. Muitos afro-americanos sabem que a canção mais tocante composta durante os séculos de escravidão foi e continua sendo "Às vezes me sinto como uma mãe sem filhos".

Na condição de mãe e de filha, escolhi algumas canções e alguns poemas para levar para o quarto dela a fim de rirmos e chorarmos juntas.

Rezo para ter a coragem de libertar minha mãe quando chegar a hora. É o que ela espera de mim.

Amando aprender

Existem espertalhões idiotas que se sentem confortáveis falando alto e longamente sobre um monte de assuntos sem qualquer indício de que saibam do que se trata. Existem, por sua vez, aqueles que sabem um pouco sobre um monte de coisas e falam criteriosamente sobre o que sabem. E, por fim, existe aquela raridade, que é o polímata que sabe um bocado a respeito de tudo. Encontrei apenas três pessoas assim na minha vida.

Uma delas foi o já falecido Isaac Asimov, a segunda é o dr. Richard Long, professor na Universidade Emory, na Geórgia, e a terceira, Vusumzi Linda Make, um ativista sul-africano que atuou no Congresso Pan-Africano, um rival volátil do então conservador Congresso Nacional Africano.

Sempre me empolgaram as mentes ativas e repletas de conhecimento enciclopédico, e quando é um homem o dono desse cérebro nunca deixei de me sentir física e romanticamente atraída, fosse o sujeito bonito ou não.

Quando era jovem e participava com frequência de reuniões públicas, eu fazia questão de manter olhos e ouvidos em alerta para identificar homens de inteligência excepcional. Toda vez que flagrava um deles, meu comportamento era tão desinibido que minhas amigas me repreendiam com um sussurro teatral: "Maya, primeiro tente conhecê-lo."

John e Grace Killens deram uma festa para dois ativistas sul-africanos que visitavam a ONU com o objetivo de pedir que o organismo internacional fizesse pressão para pôr fim ao *apartheid*. Quando ouvi a voz suave de Vus Make filtrada pelo sotaque xhosa, aprumei-me na cadeira e me inclinei para a frente. Ele falava para todos os presentes, mas a minha impressão foi de que se dirigia apenas a mim. Seus dados me fascinaram e seus fatos me fraturaram. Fiquei ali sentada ereta, visivelmente arrebatada. Mais tarde, ele me acompanhou até em casa. Duas semanas depois, me pediu em casamento e quatro semanas após o primeiro encontro fomos passar a nossa lua de mel em Londres. Após seis meses, eu já estava questionando não só o meu critério de avaliação, como também a minha sanidade.

É verdade que ele detinha todas as informações sobre o mundo conhecido, quantos quilômetros quadrados eram aráveis no Sahel, por que os franceses haviam se envolvido na organização Mão Negra da Argélia, por quanto tempo o rei Chaka ocupara o trono zulu e Sísifo passara empurrando a pedra, além de saber até quanto tempo fazia que o trem partira. O problema era que ele não tinha a mínima ideia de como me fazer feliz. O mesmo cérebro que retinha resmas de informação, pilhas de nomes, números e dados, não era capaz (não ouso pensar que não tivesse vontade) de deduzir que eu precisava de conversa no quarto, não de palestra de auditório, que o nosso casamento estava sendo sufocado pelo fino ar intelectual que ele respirava confortavelmente, mas que não enchia meus pulmões.

Por ele ser doce, achei que iria oferecer doçura. Tinha um intelecto fenomenal e detinha uma impressionante quantidade de informações, mas passava ao largo do romance.

Saí do casamento depois que ele se tornou inanimado, e ainda sou grata pela paixão inicial que ambos injetamos na união. Mais grata ainda pela lição aprendida. Vale prestar atenção no provérbio africano: "Tenha muita cautela quando uma pessoa nua oferecer a própria camisa."

Passagem poética

Antes de começar uma longa e árdua jornada, a viajante prudente checa seus mapas, relógios e sua agenda, bem como se assegura de que suas roupas estarão de acordo com o clima que planeja encontrar. Se a viagem incluir atravessar as fronteiras nacionais, ela verifica a validade dos seus documentos e, na medida do possível, recheia a carteira com a moeda apropriada ao seu destino. Essa viajante nos recomenda sóbria deliberação e grande concentração. A segunda viajante é menos cuidadosa, não tão meticulosa quanto ao planejamento da viagem e, consequentemente, vai enfrentar atrasos, imprevistos e até desespero. Quando as decepções alcançarem proporções intoleráveis, essa viajante talvez desista e volte para casa derrotada. Aprendemos com esse exemplo a caprichar nos preparativos ou a ficar em casa.

É a terceira, a viajante desesperada, quem nos ensina a lição mais profunda e nos garante as mais extraordinárias emoções. Ela nos toca com sua ousadia e vulnerabilidade, pois seu único preparativo é a determinação feroz de partir de onde quer que esteja e sua única certeza a respeito do destino é de que se trata de um lugar diferente daquele em que até então estava. Um blues antigo descreve essa viajante ávida:

> *Peguei a chave da estrada,*
> *Fiz a mala e vou dar a partida,*
> *Correr pra encontrar a saída*
> *E sem demora viver minha vida.*

Oprah Winfrey pertence ao terceiro grupo de errantes. Está em um trânsito voluntário desde que entrou na adolescência. Conhecemos alguns detalhes esparsos da passagem de Oprah, e parece inacreditável o terrível legado que precisou carregar com ela ou descartar pelo caminho:

> *Ela nasceu pobre e impotente numa terra onde poder é dinheiro e o dinheiro é adorado.*

> *Nasceu negra numa terra onde o poder é branco e o branco é adorado.*

*Nasceu mulher numa terra onde as decisões são
[masculinas
e a masculinidade domina.*

Com bagagem tão pesada, seria de imaginar que viajar fosse improvável, se não totalmente impossível. No entanto, em meio às colinas castanhas do Mississippi, a garotinha negra sem graça e com um nome engraçado decidiu que viajaria e seria sua própria condutora e carregadora. Faria a jornada e carregaria a própria bagagem.

Hoje, mesmo na atmosfera triunfal que a circunda, o observador perspicaz é capaz de detectar uma determinação de aço em sua voz e um propósito inflexível em seus olhos escuros.

Ela usou a fé, o fado e um sorriso cuja alvura se rivaliza com uma bandeira branca para transportá-la das estradas de terra do Sul para a atenção do mundo. As bênçãos do Criador — inteligência, imaginação fértil e determinação incansável — transportaram Oprah da amargura de uma infância solitária para o coração de milhões de admiradores.

Um fã fiel declarou: "Podemos agradecer a Oprah por uma parcela da sanidade em nosso país. Ela é a mais acessível e honesta psiquiatra dos Estados Unidos."

Oprah, como apresentadora de um programa de entrevistas na TV, tenta manter uma aparência calma enquanto empresta o ouvido a brutamontes, ignorantes e corruptos, mas seu rosto muitas vezes a entrega. Os olhos se enchem de lágrimas quando ela escuta o lamento de mães maltratadas pelos filhos ou faíscam de indignação ao ouvir relatos de crueldades contra crianças e selvageria contra pessoas com deficiências. Os lábios carnudos se abrem num grande sorriso quando um convidado ou algum integrante da plateia revela um humor audacioso ou uma astúcia benevolente.

Ela é a irmã de bom coração que todos gostariam de ter, aquela que vai aonde os medrosos não ousam ir. Faz as perguntas que gostaríamos de fazer e aguarda conosco as respostas.

A estrada tem sido longa, e o terreno, acidentado. Depois que os pais se separaram um do outro e também dela, Oprah foi entregue aos cuidados de uma avó que acreditava piamente no poder da oração para toda e qualquer finalidade. Oprah aprendeu a se comportar com a avó, e até hoje honra esses ensinamentos. De joelhos, toda noite, agradece a Deus por Sua proteção e generosidade, orientação e perdão. Nutre um genuíno medo do pecado e uma admiração sincera pela bondade. O sucesso inesperado não a privou da capacidade de se maravilhar, nem suas posses fizeram dela uma escrava dos bens materiais.

O sorriso de menina que eclode inesperadamente no meio de uma frase não deve levar o observador a crer que ela seja infantil, assim como o olhar direto não deve encorajar o interlocutor a supor que ela tenha uma sofisticação calejada. Oprah é uma mulher honesta, trabalhadora, que desenvolveu um grau incomum de empatia e coragem. Está fazendo sua jornada num ritmo que talvez pareça estonteante, mas é o seu ritmo e só ela determina o tamanho dos seus passos.

A arte na África

A África, como conceito, como uma ideia, jaz nas profundezas do labirinto da imaginação humana. Quase sempre, seu formato carece de palavras para descrevê-lo e sua silhueta se situa abaixo da camada da percepção consciente. Ela vive em nós num nível primordial, inexplicável, embora inquestionável. Somos os brotos da primavera com apenas a lembrança mais vaga do tratamento inclemente dado à árvore pelo inverno. Apesar da avalanche de documentários sobre a natureza do continente e apesar das infinitas prateleiras de livros de viagem, para a maioria de nós a África continua sendo uma ilusão nebulosa e remota.

Verdade ou invenção, ou possivelmente tanto verdade quanto invenção, os mitos africanos vagaram pelo globo, mais ou menos compreendidos, mais ou menos admitidos, mais ou menos inacreditáveis, sempre contribuindo para o seu mistério.

A busca incessante por tesouros na África — o impulso selvagem de acumular metais preciosos, minerais e bens até de outros seres humanos — pode explicar parte das ideias erradas sobre a África e as equivocadas descrições fantasiosas do lugar e seus povos.

Podia-se escavar a terra com impunidade à procura do ouro reluzente e do brilho dos diamantes sem se decretar que esses elementos maravilhosos eram um butim disponível apenas por serem encontrados no "continente negro".

O lugar de origem do *Homo sapiens* decerto não seria privado dos seus filhos e filhas mais fortes com a finalidade de satisfazer a ganância se não fosse possível rotular esse lugar (e pensar nele) não como o Primeiro, nem mesmo como o Segundo, mas sim como o Terceiro Mundo.

Os movimentos da tribo humana são rastreáveis por meio do folclore, da música, dos detritos deixados pelas guerras e da exibição triunfal de totens inimigos capturados pelos vitoriosos, e é possível traçar as mudanças demográficas de famílias, clãs e etnias estudando sua busca por comida, água, segurança e terras cultiváveis. Podemos, portanto, concluir que as necessidades humanas básicas movem a espécie na direção do autoaprimoramento e da autopreservação. No entanto, uma necessidade irresistível de autodefinição e uma curiosidade quanto à natureza intangível da natureza pode logicamente também explicar por que grupos de humanos nômades escolheram permanecer em terras natais semipermanentes. E sua arte, basicamente as descrições gráficas do conhecido e do desconhecido, talvez tenha provido a segurança necessária num mundo repleto de insegurança.

Ao longo de milênios, os homens descreveram seus próprios mundos masculinos, mundos ao mesmo tempo tangíveis e espirituais. Usaram madeira, bronze, pedra e marfim. Seus conceitos de universo deram forma a danças marciais e substância a relatos de batalhas encerradas em triunfo ou derrota. O sol anônimo e as estrelas incontáveis ganharam essência e lugar em suas histórias. As marés e as estações eram identificadas pelos ritmos dos tambores masculinos.

Na África, assim como em outras partes do mundo, as mulheres criaram os próprios retratos — retratos característicos de si mesmas e do seu universo. Usavam panos, contas, couro e argila para expressar sua visão tanto do mundo real quanto do mundo imaginário. Crenças, espíritos, presságios, jinns, decepções, medos e conquistas recebiam nomes, eram invocados, assumidos e explicados nos desenhos femininos.

A arte delas, como a arte em geral, pretende encantar os olhos, tranquilizar a mente conturbada, aplacar a autoridade suprema e instruir as crianças acerca do funcionamento do mundo. O objetivo também é, seja ele expresso ou não, infundir e cultivar na família o sabor pela vida e a expectativa de beleza.

As mulheres da África Ocidental, ao contrário de suas irmãs da África Oriental, evitam os vermelhos vibrantes e outras cores primárias. Permitem-se usar preto, branco, ocre, amarelo e bege, além de outros tons terrosos. Empregam, sim, o azul, mas o azul bem escuro, o índigo elétrico ou o azul suave e sutil das manhãs na África Ocidental.

As raízes da cultura iorubá, uma das mais antigas sobreviventes na África Ocidental, remontam aos anos 300 a.C. Seus membros foram e são indivíduos artisticamente avançados, cujos símbolos e mitologias continuam a ser usados e a exercer influência. Existe uma lenda iorubá que explica a criação do universo, da Ifé (a terra natal iorubá) e dos seres humanos. O folclore cultua Olocum, a deusa dos mares, considerada uma tecelã experiente, à qual atribuem um talento notável para tingir tecidos. Na tentativa de recuperar seu poder sobre a terra, que lhe fora tomado por causa de seu comportamento temerário, Olocum desafiou Olorum, o governante do céu, para um torneio de tecelagem. Olorum tinha noção do poder da arte da deusa e não se dispôs a um confronto honesto com Olocum, enviando em seu lugar um camaleão dotado da habilidade de mimetizar instantaneamente todas as cores e desenhos da deusa. Ela concluiu que se um insignificante camaleão, um mero servo de Olorum, conseguia igualar os talentos dela, sem dúvida o próprio Olorum a derrotaria. Assim, a arte feminina para desenhar e tingir jamais foi superada e nem mesmo igualada pelo homem, mas apenas adquirida por ele por meio de um truque, e o equilíbrio da arte de Olocum foi comprometido, pois ela perdeu seu equilíbrio moral interior.

Na maioria das sociedades da África Ocidental, a beleza exterior é vista como o resultado da boa natureza moral interior. A estima que a cultura iorubá nutre pela moderação se manifesta na admiração da natureza tranquila de Iwu Tutu, o que implica autodisciplina, reflexão e controle.

Dizem que os desenhos e as estampas das vestimentas das mulheres da África Ocidental estabelecem o padrão da moda moderna, e podemos encontrá-los estilizados em renomadas revistas de moda no Ocidente. A maioria dos desenhos, em tecido, paredes de casas ou cerâmica, tem como fonte de inspiração provérbios e ditados. Em alguns casos, os significados se perderam, mas as ilustrações permanecem.

Um desenho popular da África Ocidental consiste de duas e três formas retangulares entrecruzadas sobre tecido de cores contrastantes. Chama-se Lai Momo, que, traduzido do Ga, significa "gravetos queimados" e deriva do ditado "Madeira que já foi queimada mas não descartada tem combustão mais fácil do que a madeira verde, recém-cortada". Quando uma mulher comparece a um encontro de mediação usando Lai Momo, sua mensagem para os presentes é de que ela está mais disposta à reconciliação do que a continuar brigando. Assim, como na totalidade da vida africana, a arte funciona.

Outro provérbio que serviu de inspiração para uma estampa nigeriana é "Se você não gosta das coisas que tem, outros as tratarão com desdém", um bom conselho tanto para jovens quanto para idosos.

Tendo ou não o arranjo de linhas e cores raízes em máximas antigas, existe uma grande noção estética por trás da arte da pintura, da tecelagem, da tintura de tecidos e da cerâmica. As mulheres, usando argila comum encontrada nos leitos dos rios e empregando as mãos como pincéis, produzem um veículo poderoso para o prazer visual. Sua arte é também uma declaração pública de suas crenças pessoais.

Os materiais simples são forjados para criar projetos plásticos tão efêmeros quanto o tempo entre uma e outra chuva e desprovidos de resistência duradoura ao sol insistente. Essas artistas, porém, não parecem precisar de promessas de longevidade, nem demonstram almejar notoriedade. Com efeito, uma das mais notáveis características da pintura de casas entre as mulheres da África Ocidental é a camaradagem reinante entre as que partilham a criação do desenho. Parentas e amigas próximas quase sempre se juntam para realizar a decoração. Quando isso acontece, pactua-se que a proprietária principal contribuirá com o desenho mais proeminente, mas espera-se também que cada uma dê um toque pessoal para enriquecer o resultado final.

Dessa forma, a arte feita por todas pode ser por todas apreciada, e o provérbio africano se revela verdadeiro: "O mar jamais seca."

De férias

Após criar o universo, todas as estrelas, cada grão de areia, a baleia jubarte e o caranguejo de casca mole, até Deus se cansou e tirou um dia de folga.

Não há dúvida de que nós, humanos, que na melhor das hipóteses podemos apenas criar oportunidades e na pior, o caos, precisamos de tempo para descansar.

Não estou sugerindo que as férias sejam um direito sagrado semelhante ao direito de votar, de ocupar um cargo político ou de assinar cem revistas a fim de concorrer a um prêmio de dez milhões da loteria. Não, estou meramente observando que criaturas insignificantes como nós, que passam dois terços da vida lutando contra a gravidade e se esforçando para permanecer eretas, demandam algum tempo para relaxar em sofás, diante de lareiras ou deitadas em praias de areia branca sob um sol benevolente.

Supostamente esses não são desejos imoderados. Trabalhamos dia e noite para encher dois saquinhos no peito com o que está disponível por todo lado. Prendemos uma torrente de sangue dentro do nosso corpo revestido de um tecido tão fino que, se pisarmos num prego e não fecharmos o buraco, o fluido precioso há de se esvair, deixando-nos secos e sem vida.

Com tudo isso, quero dizer que trabalhamos até quando não nos damos conta desse esforço. Portanto, precisamos mesmo de períodos de descanso. Porém, algo de perverso existe em nós que nos faz, ainda que estejamos aproveitando férias muito merecidas e necessárias, sentir um desejo irresistível de trabalhar.

Numa praia no México, me sentei ao lado de um artesão que havia confeccionado alguns objetos para vender. Havia pássaros, vasos e outras peças variadas cinzentas ao lado de pincéis em jarras e potes de tinta.

Eu me acomodei em uma posição confortável, esperando vê-lo transformar aqueles objetos de argila em coloridos suvenires. No entanto, o homem não pegou os pincéis nem tocou na tinta.

Em poucos minutos formou-se uma fila diante da sua mesa, e os compradores começaram a pechinchar. A cada venda, o comprador era convidado a se sentar, convite que aceitava prontamente. Uma mulher percebeu que eu a observava e me deu um sorriso triunfante.

— Estamos aqui para pintar os objetos.

Foi quando reparei na plaquinha do vendedor: OBJETOS PINTADOS À MÃO.

Quase soltei uma gargalhada. Aqueles eram turistas que pagaram caro para ir ao México relaxar e ali estavam, trabalhando em algo que não pensariam duas vezes antes de se recusar a fazer caso lhes pedissem.

Fiquei perplexa ao ver como pretendiam usar seu tempo livre. O que eu fiz então? Corri para o meu quarto, peguei na mala meus blocos, minha caneta, meu dicionário, minha gramática e me sentei para tirar três dias das minhas férias para escrever este ensaio.

A idade e a sexualidade

Meu marido era homem, meu filho, um menino, e por isso aceitei que era prerrogativa e responsabilidade do meu marido falar com nosso filho de cinco anos sobre sexo. Não foi, porém, o que aconteceu.

Guy voltou da escola uma tarde e me perguntou se eu sabia de onde vinham os bebês. Admiti que sabia. Vi "aposto que não sabe" em seus olhos e uma postura de "te peguei".

— De onde eles vêm, então? — perguntou ele.

Não era o momento de trapacear nem hesitar, e nem de responder "seu pai vai te dizer quando chegar em casa".

Falei, então:

— Os bebês vêm do corpo da mãe.

Guy ficou desanimado.

— Há quanto tempo você sabe disso?
— Há muito tempo.
— E por que ninguém me contou?
— Talvez porque você nunca tenha perguntado, não?

O interesse dele pareceu diminuir e lhe ofereci um copo de leite. Respirei aliviada enquanto ele bebia.

Pousando o copo no balcão, ele indagou:

— Você sabe como o bebê entra na barriga da mãe?

Eu havia relaxado cedo demais. Não havia malícia em seu rosto. Dessa vez ele estava sendo apenas uma criança curiosa de cinco anos. Mais uma vez o tempo me pegara no contrapé. Decidi ser muito objetiva.

Lembrei a ele os nomes das suas partes íntimas.

Ele assentiu.

Então eu disse:

— Bom, quando um casal quer um bebê, o homem põe o pênis na vagina da mulher e deposita um espermatozoide, e o espermatozoide encontra o óvulo da mulher e os dois crescem juntos, até que, depois de nove meses, o bebê sai.

O rosto de Guy se transformou numa máscara de nojo.

— O papai fez isso com você? Nossa. Você devia querer muito um bebê!

— Eu queria você.

— Nossa. Ainda bem que você não quis outros, ou ele ia continuar fazendo isso o tempo todo. Nossa!

A repulsa o fez sair da sala, balançando a cabecinha, espantado.

Já vi essa mesma repulsa no rosto de outros filhos à menor sugestão de que seus pais possam fazer sexo. O elemento extraordinário nesse relato é que esses filhos estão na casa dos trinta, quarenta e cinquenta anos.

Os pais de uma mulher afro-americana que conheço foram casados por quarenta anos. O pai teve uma doença longa e dolorosa durante a qual a mãe foi uma cuidadora dedicada e incomumente alegre. O pai morreu. Três anos depois, a minha conhecida rompeu relações com a mãe. A mãe ousara arrumar um namorado. A filha, que tem 35 anos e dois divórcios, sentiu repulsa pela ideia de que a mãe estivesse num relacionamento íntimo com um homem, e esse desprazer lhe escapou ao controle.

Um grupo de amigos e conhecidos se encontrou depois da igreja num hotel para o *brunch* de domingo. A pobre infeliz deixou o horror que sentia em relação ao namorado da mãe se tornar o centro da conversa.

— O que eles podem estar fazendo juntos? Ela tem quase sessenta anos e ele deve ter uns 65. Dá para imaginar os dois nus juntos? Toda aquela pele enrugada se esfregando?

O rosto dela virou uma máscara horrenda, os lábios cerrados transpirando mau humor.

— Velhos não deveriam fazer sexo. Só de pensar já sinto o estômago revirar.

Estavam sentadas à mesa mulheres negras com idades que variavam de setenta a 17 anos. Após o comentário, houve um silêncio de alguns segundos, e em seguida todas começaram a falar ao mesmo tempo.

— Você enlouqueceu?

— Qual é o seu problema?

— Velhos não fazem sexo? Quem te contou essa mentira?

Uma mulher esperou até o alvoroço terminar e então indagou gentilmente:

— O que você acha que seu pai e sua mãe fizeram depois que você nasceu? Pararam de namorar?

A reclamona respondeu com petulância:

— Você não precisa ser desagradável.

A resposta provocou risos de escárnio.

— Garota, você é doente.

— Cai na real.

E a mulher mais velha à mesa falou:

— Querida, cansado não significa preguiçoso e um adeus não significa partida.

Aquilo me fez lembrar da minha mãe quando tinha 74 anos. Ela morava na Califórnia com o meu quarto padrasto, seu grande amor, que se recuperava de um derrame leve. Sua voz ao telefone me evidenciou o quanto ela estava nervosa.

— Meu amor, esperei o máximo que pude antes de incomodar você, mas as coisas já estão assim há tempo demais. Demais da conta.

Eu me obriguei a usar um tom de voz tão suave quanto o dela havia sido duro:

— Qual é o problema, mãe? Eu resolvo.

Embora morasse na Carolina do Norte, eu me sentia tão próxima quanto o telefone, as companhias aéreas e os cartões de crédito permitiam.

— É o papai. Se você não conversar com ele, vou acabar tendo de botá-lo para fora de casa. Ele vai parar na rua.

O último marido da minha mãe foi o meu favorito. Éramos feitos um para o outro. Ele não teve filhas e eu desconhecia o carinho, os conselhos e a proteção de um pai desde a adolescência.

— O que o papai fez, mãe? O que ele anda fazendo?

— Nada. Nada. É isso. Ele não está fazendo nadinha.

— Mas, mãe, tem o derrame.

— Eu sei. Ele acha que se fizer sexo, vai ter outro. O médico já falou que isso não vai acontecer. E fiquei tão furiosa quando ele disse que poderia morrer transando que disse que não existe jeito melhor de partir.

Aquilo foi engraçado, mas achei melhor não rir.

— O que eu posso fazer, mãe? Sinceramente, não posso fazer nada.

— Pode, sim. Fala com ele. Ele vai te ouvir. Ou você fala com ele, ou ele vai pra rua. Sou uma mulher, não uma pedra, caramba.

Eu conhecia muito bem aquela voz. Sabia que ela havia atingido o nível máximo de frustração e estava pronta para agir.

— Está bem, mãe. Não sei o que vou dizer, mas vou falar com ele.

— É melhor que seja logo, então.

— Mãe, dá uma saída hoje às cinco e meia, então eu ligo para o papai nesse horário. Calma, vou fazer o possível.

— Certo, amor, tchau. Falo com você amanhã.

Ela não estava feliz, mas ao menos ficara mais calma. Refleti o dia todo e às seis horas no fuso da Califórnia, eu liguei.

— Oi, papai, tudo bem?

— Oi, amor. Como você está? — Ele gostou de ouvir a minha voz.

— Estou ótima. Eu queria falar com a mamãe.

— Ah, meu bem, ela saiu tem uma meia hora. Foi à casa da prima.

— Papai, estou preocupada com a falta de apetite dela. Ela não comeu o dia todo, não foi?

— Comeu, sim. Ela fez bolinhos de siri e uma salada de repolho e aspargos. Comemos tudinho.

— Bom, ela não está bebendo, certo?

— Tomou uma cerveja comigo e com certeza está com um uisquinho na mão agora.

— Mas, papai, tem alguma coisa errada com ela. Ela está ouvindo música, jogando baralho e coisas assim?

— A gente ouviu música o dia todo naquele aparelho de som que você mandou, e eu sei que ela está jogando dominó com a prima Mary lá na casa dela.

— Então você acha que ela está cheia de apetite?

— Acho, sim. Sua mãe tem um baita apetite.

— Verdade — concordei, abaixando a voz. — Todos os apetites dela são assim. Me desculpe por falar dessas coisas com você, mas o apetite amoroso dela também é grande e, lamento dizer, mas se você não cuidar dessa seara, ela vai morrer de inanição.

Ouvi quando ele tossiu e pigarreou.

— Com licença, mas estão tocando a campainha aqui. Te amo, papai.

Ouvi um "tchau" muito baixinho do outro lado da linha.

Meu rosto estava escaldando. Me servi de um drinque. Eu tinha feito o melhor possível e torci para que funcionasse.

No dia seguinte, por volta das sete da manhã na Califórnia, a voz da minha mãe me deu o resultado.

— Oi, amor da mamãe. Você é a filha mais doce do mundo. A mamãe te adora. — Ela arrulhava como um passarinho, e eu ri ao vê-la tão satisfeita.

Pais que falam para os filhos que sexo é só para procriar prestam um enorme desserviço a todos. Com o coração partido, devo dizer que minha mãe morreu quatro anos depois desse incidente, mas até hoje eu a tenho como modelo. Agora, aos sessenta anos, pretendo continuar a ser como ela quando chegar aos setenta e além deles, se tiver sorte.

Museus rurais — romance sulista

A despeito dos carros velozes em autoestradas de quatro pistas e dos aeroportos feéricos lotados, existe uma sensação sonolenta de conexões literárias no estado da Louisiana.

Caminhando por qualquer rua de Nova Orleans tarde da noite, é possível encontrar um personagem de Tennessee Williams mendigando a generosidade de estranhos. As velhas casas altas de Shreveport, silenciosas e com suas cumeeiras, abrigam os outros cômodos e lugares da infância torturante de Truman Capote. Em Baton Rouge, cerca de cem quilômetros ao norte de Nova Orleans, ao longo da autoestrada I-10, fica, incompativelmente, a terra de Graham Greene. Quando visitei a cidade, ela vivia seu típico clima de início de verão: calor abafado e temporais que aumentam a umidade sem abaixar a temperatura febril.

Eu havia viajado da minha casa, na Carolina do Norte, até Baton Rouge para ver um museu folclórico ao ar livre que expõe, entre outras coisas, cabanas de escravizados. Como descendente de africanos escravizados, minha bagagem estava espantosamente sobrecarregada de expectativa, raiva, medo e uma curiosidade mórbida a respeito dessas cabanas. Como, de fato, viviam os escravizados? Como dormiam depois do pôr do sol e acordavam antes do raiar da aurora? O que e onde comiam? E o mais importante: eu seria capaz de sobreviver a essa jornada de conhecimento da minha história infernal?

Tive o primeiro vislumbre de que estava viajando num comboio de Graham Greene em busca de algum personagem quando conversei com um camareiro no meu hotel. Impecável e orgulhoso da própria eficiência, o jovem negro colocou a minha bagagem no chão, pendurou a sacola menor, acendeu os abajures, testou a TV e me trouxe um balde de gelo.

Perguntei a ele:

— O Museu da Vida Rural é longe?

Sua expressão não se alterou ao remoer a pergunta mentalmente e ruminá-la com a boca.

— O Museu da Vida Rural? Museu da Vida Rural…

Insisti:

— Me disseram que ficava pertinho deste hotel.
Ele tornou a repetir:
— Museu da Vida Rural...
O rapaz balançou a cabeça e quase no mesmo instante fez um gesto que, para ele, era sem dúvida determinado.
— Vou descobrir, senhora.
Mais tarde no lobby, ele me entregou um bloquinho do hotel. Na primeira página, escrito numa caligrafia determinada, estavam as cristalinas orientações para chegar ao local, distante apenas cinco minutos de carro.
— Você sabia que existem cabanas restauradas nesse museu? — indaguei.
Novamente sua expressão nada denunciou, mas dessa vez não houve demonstração de interesse no assunto.
— Cabanas? Bom, garanto que a senhora vai achá-las se seguir essas orientações.
As fronteiras do seu mundo haviam sido demarcadas fazia tão pouco tempo, eram tão modernas e pessoais, que, no que lhe dizia conscientemente respeito, a escravidão e a Guerra de Secessão, a invenção do descaroçador de algodão e o advento do cinema falado também faziam parte do passado estéril.
Seguindo as instruções — "vire à direita logo depois de sair" —, passei pelo museu sem notar, da primeira vez, o portãozinho que parecia a entrada de uma residência particular. Fui bem-sucedida na segunda tentativa e premiada com uma trilha de quase dois quilômetros

que atravessava a estação de pesquisa agrícola doada à Universidade Estadual da Louisiana por Steele Burden e pela srta. Ione Burden. É possível que estivéssemos fora da temporada, mas as fazendas que bocejavam de um lado e do outro da estrada pareciam embrulhos natalinos, descartados depois de revelados os presentes.

Eu me obriguei a imaginar como havia sido a propriedade no século XIX, quando o algodão reinava e seus beneficiários levavam uma vida de luxo sem igual, enquanto os subalternos viviam em circunstâncias humilhantes e dolorosas. Olhando pela janela do meu carro alugado, adicionei ao cenário as costas curvadas de quinhentos escravizados e vi os dedos negros calejados atacando desesperadamente o submisso algodão branco. Esse, sem dúvida, era um aspecto da natureza da plantação. A voz de Harry Belafonte ecoou em meus ouvidos entoando a letra de anos antes:

> *Tem que pular, agachar*
> *e girar*
> *pra colher um fardo de algodão*
> *Tem que pular*
> *e girar*
> *pra colher fardo por dia.*

Passei pelas sufocantes lembranças raciais para chegar à entrada do museu propriamente dito. Ali, num pequeno parque exclusivo, cercado por flores que desabrochavam e lagos de um verde-escuro, ficava a estátua de bronze de *Uncle Jack*. A escultura é impactante e reveladora. Certa vez, passei boa parte de umas férias admirando o *Davi* de Michelangelo em Florença. A despeito do meu cuidadoso e reiterado exame, continuo sem saber definir onde a estátua melhor exemplifica a verdade da forma humana. Não apenas nas pernas, nem nas nádegas. Não no musculoso pescoço cilíndrico, nem nos dedos esguios, pendendo do corpo com naturalidade. É, sim, a figura em seu todo que transmite a percepção raramente disponível da perfeição física humana. Hans Schuler, o escultor de *Uncle Jack*, também foi incrivelmente bem-sucedido na realização do seu objetivo. *Uncle Jack* é a quintessência do criado negro obsequioso. A cabeça meio virada para o lado se inclina numa reverência. Os ombros caídos dão testemunho não só da sua idade, mas também, de forma mais específica, de sua consciência do lugar que um negro pobre ocupava num mundo branco rico. As roupas de segunda mão, alguns números maiores que o dele, engolem seu corpo com uma triste constatação. A mão direita se afasta do corpo, parecendo oferecer ao visitante uma saudação de boas-vindas, mas, para mim, o gesto diz "Você pode ser dono de tudo, inclusive da minha vida".

Continuei a visita, me dirigindo ao escritório do museu, localizado no celeiro. Minhas reflexões ao longo do caminho, enquanto passava pelas fazendas escassamente povoadas, haviam me entristecido, mas a visão da estátua de *Uncle Jack* me causara uma enorme depressão. Paguei os dois dólares do ingresso e examinei com cuidado os coches e cabriolés do século XIX que estavam sendo polidos por um negro do século XX, o qual achei que pudesse descender do escravizado incumbido de dar o primeiro polimento às carruagens. A figura de *Uncle Jack*, porém, se interpunha entre mim e os veículos do século XIX.

O escultor de *Uncle Jack* empregara o fantasioso romance escravagista que retrata todos os negros como congenitamente subservientes e perfeitamente felizes por dedicarem a vida a cuidar de seus semelhantes brancos. Nem a exposição dos utensílios de uma fazenda do século XIX, nem uma coleira de madeira usada para manter o escravizado confinado sem tirar totalmente sua mobilidade conseguiram apagar a imagem do *Uncle Jack* imortalizado para a posteridade com seu sorriso medonho.

A chuva era fina mas persistente, e eu, sem chapéu, apressei o passo na direção das cabanas dos escravizados, parando, no entanto, na casa do capataz. Aquela estrutura de aparência inocente se encontrava atrás de uma cerca de igual aparência inocente, embora desgastada pelo tempo, e observava as cabanas com um olhar avuncular, se não paternal. A imagem era tão benevolente que caminhei depressa pela grama encharcada até a primeira cabana. Na porta, havia a pintura de uma jovem negra bonita e altiva de pé, de um jeito protetor, perto de uma criança pequena. No interior, viam-se cadeiras de madeira nas quais o escravizado podia descansar após um dia de honrosa labuta. Havia também uma cama com um cobertor colorido, na qual ele podia se deitar confortavelmente para dormir um sono sereno até o amanhecer.

No museu, assisti ao romance da escravidão — livre de humilhações e crueldades. Segundo a narrativa de Frederick Douglass, porém, que fugiu da escravidão em Maryland, os aposentos dos escravizados não passavam de chiqueiros. Dez ou mais negros se amontoavam em choças, quase sempre dormindo no chão de terra batida, onde o frio do inverno e o calor do verão entravam livremente. As crianças quase sempre comiam em comedores semelhantes aos dos porcos. Ali, naquela moderna representação do passado, não se viam indícios do horror que as famílias escravizadas sentiam ante a perspectiva de separação, nem o esgotamento de vidas levadas debaixo do tacão de uma sociedade violenta. No velho mundo imaginário criado no Museu Rural da Universidade Estadual da Louisiana, um grupo de adultos por vontade própria cultivara a terra cooperativamente em prol do bem comum.

Passei dois dias conversando com moradores locais "nascidos e criados em *Batten Ruidge*", que jamais tinham ouvido falar do museu. Estive com Steele Burden, o fundador do museu e doador de mais de mil artefatos, que gentilmente me presenteou com uma das caricaturas negras que faz. Educadamente recusei a de um suposto grupo de negros jogando dados e aceitei uma, menor, que retratava um lavrador de cana-de-açúcar.

Nessa viagem em busca da natureza de um museu folclórico, lembrei-me de que a ignorância não é genética. Uma falta de coragem nos permite permanecer cegos à nossa própria história e surdos aos gritos do passado. O museu recebe trinta mil visitantes por ano e é usado como centro de pesquisa para determinados cursos na universidade. Seria ótimo, penso eu, que os professores e os cinquenta voluntários que atuam como guias fossem honestos o bastante para mostrar não só a arquitetura e os artefatos, mas o relevante fator ausente: a nossa verdade histórica.

Ouso ter esperança

Em 1992, enquanto as poderosas máquinas de marketing estavam sendo azeitadas e testadas para começarem a vender e celebrar o feito de Cristóvão Colombo em 1492, algumas pessoas reexaminavam com espanto e surpresa outra conquista que tivera lugar na Europa duas décadas após a louvada descoberta de Colombo. No início da década de 1500, Nicolau Maquiavel, exilado do seu lar italiano, escreveu um breve manual sobre o poder, como obtê-lo, usá-lo e mantê-lo. Intitulou o livro de *O Príncipe* e dedicou-o a Lourenço de Médici. As ideias ali expostas captaram tão bem a forma de usar tudo que é básico, frágil e ignóbil na psique humana que, ao longo dos últimos quinhentos anos, uma pessoa ou ação consideradas diabólicas ou satanicamente manipuladoras são chamadas de maquiavélicas. O conselho que ele dá, seguido de forma tão bem-sucedida contra os impotentes, pode ser assim parafraseado: divida as massas para conquistá-las; aparte-as para governá-las.

A surpreendente oposição à nomeação de Clarence Thomas para a Suprema Corte e os calhamaços de cobertura da mídia a esse respeito me remeteram mais uma vez a *O Príncipe*. Meneei a cabeça negativamente, descrente e decepcionada diante da relevância atual e do uso de ideias expostas quase quinhentos anos antes com o único propósito de ensinar aos poderosos como administrar os impotentes.

A comunidade afro-americana se alvoroçou num redemoinho de debates, demolição, discórdia, acusação e calúnia para saber se um homem afro-americano com uma reputação lastimável e credenciais impecáveis deveria ocupar um lugar na mais alta corte do país. Thomas, escolhido e nomeado pelo presidente George Bush, mostrou ser tão conservador quanto o presidente e o governo Bush. Caso contrário, não teria sido escolhido. Os intelectuais afro-americanos sabiam disso, como também sabiam que, se as tentativas de barrarem sua nomeação fossem bem-sucedidas, outro conservador, possivelmente mais prejudicial à causa dos negros e sem qualquer bagagem ou cultura em comum conosco, fincaria raízes no cargo até que a morte o afastasse dele.

O próprio Thomas deu aos adversários todos os motivos para se oporem ao seu nome e não confiarem nele. Muitas de suas ações audaciosas como presidente da Comissão de Oportunidades Iguais de Emprego foram antiafirmativas, *antibusing*[1] e contrárias a outras oportunidades de rediscutir a desigualdade em nosso país.

Numa ação no tribunal federal distrital, na condição de secretário assistente para os direitos humanos, supostamente ele declarou em depoimento ter desobedecido de propósito a uma ordem judicial que determinava ao Departamento de Educação que conduzisse revisões céleres das queixas contra discriminação. Essa admissão, somada à sua indiferença em relação a questões afro-americanas, provocou hesitação até entre seus mais fervorosos apoiadores.

Thomas, um negro pobre de Pinpoint, na Geórgia, ganhou proximidade com a mais alta corte norte-americana devido precisamente às leis que os fundadores da nação dos quais ele descende lutaram para ver aprovadas e cumpridas e que ele tratou com tamanho pouco-caso.

Em consequência, muitos afro-americanos perguntam: como podemos avançar se um dos que promovemos à vanguarda ignora nossos problemas?

---

[1] Termo que se refere a movimentos que se opunham à prática de *"busing"* nos Estados Unidos. Tal prática consistia em utilizar ônibus escolares para transportar alunos de diferentes origens e tinha como objetivo diminuir a segregação nas escolas e promover a igualdade de oportunidades. (N.E.)

Se nestes dias sangrentos e nestas noites amedrontadoras um guerreiro urbano não consegue encontrar um rosto mais desprezível do que o dele mesmo, nenhuma munição mais letal do que o auto-ódio e nenhum alvo mais merecedor da sua mira do que um irmão, precisamos nos indagar como chegamos tão tarde e tão solitários até aqui. Nesta temporada aterradora e assassina, quando meninas viram adultas antes da puberdade e se tornam mães antes de aprender a serem filhas, deveríamos abandonar as frases retóricas e pomposas, abrir mão da pose e da presunção e começar a nos concentrar ferozmente no nosso próprio bem-estar.

Precisamos assombrar os corredores da história e voltar a ouvir a sabedoria dos ancestrais. Precisamos fazer perguntas e achar respostas que nos ajudem a não nos dissolver no impiedoso estômago da história. Como os nossos ancestrais foram capazes de apoiar seus semelhantes mais fracos, quando eles mesmos se achavam no auge da fraqueza? Como foram capazes de cercar o líder errante e impedi-lo de ser cooptado por forças que viriam a destruí-lo e a destruí-los? Como foram capazes — solitários, comprados separadamente, vendidos isoladamente — de conceber a profunda sabedoria expressa no conselho "Caminhem juntos, filhos... Não fiquem cansados"?

Os jovens negros de hoje precisam indagar dos líderes negros: "Se vocês não são capazes de fazer um esforço para alcançar, reconstruir e salvar um negro que conseguiu ser admitido em Yale e se formar nessa universidade, como poderão me alcançar aqui neste buraco infestado de drogas e de ódio em que vivo e me salvar?"

Apoiei a nomeação de Clarence Thomas e não fui ingênua nem esperançosa o bastante para supor que ao apoiá-lo publicamente estaria dando à geração mais nova uma bela imagem de unidade. Longe disso, minha intenção era mostrar a esses jovens que eles e eu viemos de gente que teve a coragem de existir quando existir era perigoso, que teve a coragem de ousar quando ousar era perigoso e — o mais importante — teve a coragem de nutrir esperança.

Porque Clarence Thomas foi pobre, quase morreu sufocado pelo odor acre da discriminação racial, é inteligente, preparado, negro e suficientemente jovem para ser resgatado, eu o apoiei.

O profeta gritou no Livro das Lamentações: "Ponha o seu rosto no pó... Talvez ainda haja esperança."

Pobre pobreza

O quanto você foi pobre?
Éramos tão pobres que achávamos que a única coisa comestível numa galinha eram os pés, numa vaca, o rabo, num porco, os intestinos e os pés.
Essas frases curtas podem espantar, porque o ouvinte sabe que a pessoa que não tem consciência da pobreza é poupada da sua mais cruel chibatada. Pois é odioso ser uma pessoa jovem, inteligente, ambiciosa e pobre. O mais insultante é ter consciência da própria pobreza.
Antes de a televisão levar ao conhecimento dos carentes imagens de salas de estar luxuosas e cozinhas reluzentes, eles podiam fingir e dizer a si mesmos que

apenas uns poucos, os felizardos, talvez somente seus patrões, conseguiam levar vidas de conforto refinado.

Hoje, porém, quando toda novela está cheia de personagens cuja abastança se rivaliza apenas com suas carências morais, os pobres que assistem a elas nos barracos se veem obrigados a admitir que são, de fato, vítimas da pobreza.

Com esse conhecimento e reconhecimento, é inevitável que surja um desespero constante e uma aflição acachapante. Por que eles e não eu? Essas perguntas são acompanhadas de uma sensação de insignificância — um arrependimento doloroso por estar vivo. Depois vem a raiva irrefreável, a mágoa, uma amargura azeda que, se dirigidas para fora, são capazes de fomentar revoltas, revoluções e o caos social. Na maior parte das vezes, contudo, as convulsões de fúria são dirigidas para dentro. Assim, os pobres, os necessitados, os desajustados da sociedade implodem. Quando a poeira baixa, eles dão ao observador a impressão de cascas vazias de esperança.

Se é verdade que uma corrente não pode ser mais forte do que o seu elo mais frágil, também não será verdade que uma sociedade não pode ser mais saudável do que os seus cidadãos mais adoecidos nem mais rica do que os mais desprovidos de riqueza?

Creio que sim.

O perigo da negação

Tem havido uma cacofonia, uma sinfonia atonal ruidosa na comunidade afro-americana. Alguns pensadores sérios e alguns profetas enfadonhos se queixam de existir um cisma entre os sexos. O consenso diz que o abismo é tão grande e profundo que não pode ser transposto. Rappers do hip-hop comprovam o prognóstico quando descrevem as mulheres negras — suas mães, avós, bisavós e atuais parceiras — como vadias, vacas e outras ameaças ao bem-estar dos homens negros.

É difícil entender como pudemos nos afastar tanto.

Fomos roubados do continente africano e vendidos. Nos acocoramos juntos nos barracões, sem ar suficiente para partilhar. Nos deitamos, grudados, nos porões imundos

dos navios negreiros, sobre os excrementos, o sangue menstrual e a urina dos outros. Fomos lavados com mangueiras e untados com óleo para ficar com a pele lustrosa lado a lado nos leilões nos quais éramos vendidos juntos. Levantávamos ao raiar da aurora do chão frio e éramos levados juntos para colher algodão e cana-de-açúcar. Todos nós sentimos nas costas o chicote que lacerava a carne. Éramos escolhidos para o entretenimento e a exploração sexual daqueles que desejavam nossos corpos, mas nos odiavam.

Como pudemos nos esquecer tão rápido das lições que fomos obrigados a aprender juntos?

Por que subjugamos nossa memória na vã esperança de sermos capazes de viver acima e além da história? Quando haveremos de parar de assistir à mutilação da memória?

Prefiro a lembrança, a lembrança amarga e dolorosa. Sei que preciso de um irmão que partilhe seu doce e provocante legado. Desejo uma irmã que não negue nosso passado mútuo. Juntos, talvez consigamos planejar um futuro menos doloroso. Afastados, só nos resta prever maiores rupturas e uma solidão mais profunda.

O ódio contra a violência

Alguns meses atrás, duas mulheres bonitas, poderosas e internacionalmente famosas se sentaram na minha sala de jantar. Comentavam o perigo de nossos tempos, os tiroteios aleatórios, os assédios e o caos generalizado que impera nas ruas.

Elas me perguntaram como eu lidava com a violência. Respondi que a minha reação é quase sempre me manter distante, se possível, mas se ela vier a invadir a minha vida, procuro removê-la da minha presença o mais rápido que posso. Quando me pediram um exemplo, contei uma história que aconteceu com a minha mãe, uma mulher pequena de compleição delicada, quando me visitou em Nova York. Fomos convidadas para uma festa em Long

Island, e o anfitrião mandou uma limusine nos buscar em casa. Passamos na rua 151 para pegar uma amiga que também havia sido convidada.

Anos antes, o prédio era um edifício bonito, imponente, com belos tapetes e mobília de época no saguão. Tinha um porteiro que falava inglês e recebia as visitas com um ar pomposo.

Não contei à minha mãe que o prédio elegante do passado se tornara refém da loucura das drogas, que o porteiro havia muito já tinha ido embora e que depois que a fechadura da porta da frente foi arrombada todo o mobiliário requintado sumiu.

Quando chegamos ao prédio, minha mãe franzina fez um gesto com a mão para outra figura franzina, um produtor de TV branco, que estava conosco.

— Você vem comigo — disse mamãe.

— Não, eu vou subir para buscá-la — intervim.

Minha mãe, cuja voz costuma ser doce e suave, respondeu com o troar de um tanque alemão:

— Você fica aqui. Al e eu vamos.

Observei-os entrar no saguão sujo e senti como se estivesse vendo cristãos inocentes adentrarem uma arena cheia de leões na Roma de Nero.

Descobri depois que aconteceu o seguinte: no elevador, minha mãe apertou o botão do sexto andar. O elevador imediatamente desceu. No porão, um homem entrou, desgrenhado e com os olhos injetados. Encarando minha mãe e seu trêmulo amigo branco, ele indagou:

— Até onde vocês vão?

Mamãe entendeu na horinha o recado.

— Até o fim. Entrei neste elevador para ir até o fim. Até. O. Fim. E você?

O homem não respondeu, mas desceu do elevador no primeiro andar. Minha mãe e o amigo continuaram até o sexto.

Sabe-se lá como, por um vago e insano motivo, decidimos que é melhor sermos explorados, maltratados, agredidos e acossados do que nos mostrarmos desagradáveis. Achamos que talvez o bandido, que está preparado para tratar uma vítima da forma mais cruel, será coagido a ser mais gentil se a vítima for simpática. Não concordo. Se me atacam, quando nada fiz para provocar um ataque, ou mesmo se tiver feito, me encho de uma fúria muito mais explosiva do que o delinquente é capaz de imaginar. Subo no salto da indignação justificada. Minha intenção é me tornar um fardo maior do que o brutamontes consegue encarar. A ideia é que se eu conseguir me enfurecer antes de me apavorar, o meliante há de se arrepender.

A arte para o bem da alma

srta. rosie
quando eu a vejo
embrulhada como lixo
sentada em meio ao fedor
de cascas de batata podres
ou
quando a vejo
usando os sapatos de um velho
com um furo no dedo mindinho
sentada, pensando na vida
e no que vai fiar no armazém
eu falo,
quando a vejo,

> *megera encardida sem formas*
> *que já foi um dia*
> > *(a garota mais bonita da Geórgia)*
> *a quem chamavam de Geórgia Rose*
> *eu me ponho de pé*
> *diante dessa degradação*
> *eu me ponho de pé.*

Esse poema foi escrito por Lucille Clifton, uma poetisa afro-americana que dá aulas em universidades nos quatro cantos dos Estados Unidos. A meu ver, ele parece a explicação perfeita para nós, humanos, conseguirmos ficar de pé — de que forma, mesmo após termos sido muitas vezes obrigados a ficar de joelhos devido à nossa própria ganância, à desonestidade ou à ignorância, conseguimos ficar novamente de pé.

A srta. Clifton recorreu à srta. rosie, uma velha explorada, maltratada e solitária, como inspiração e, usando o mesmo poema, a cada verso eu acrescento a palavra "arte", pois acredito que a arte nos estimula a ficar de pé e alçar o corpo rumo a um patamar mais alto.

Acredito que sem a presença e a energia da arte em nossa vida somos capazes de realizar, sem remorso, atividades impiedosas, bem como praticar crueldades com a consciência tranquila. Nós nos tornamos primitivos porque nos consideramos apenas primitivos. Não encontramos prazer em coisas imateriais e nos dirigimos uns aos outros nos termos mais cruéis possíveis, pois cremos não merecer coisa melhor.

Cresci num Arkansas que me parecia um lugar no planeta de ninguém ou, aliás, na mente de ninguém. A pobreza persistente da Depressão, aliada ao virulento preconceito racial da época, tinha o condão de forçar o espírito a se sujeitar e de pulverizar a própria capacidade de sonhar. Ainda assim, eu, como muitos outros, sobrevivi a esses anos de penúria e àquelas estradas lamentáveis de Arkansas, e acho que sobrevivemos devido, sobretudo, ao legado da arte norte-americana negra, um legado que nossos ancestrais nos deixaram, assim como os magnatas do aço deixaram fortunas imensas para seus herdeiros.

Em Stamp, Arkansas, quando tomavam o rumo dos campos de algodão, os pais deixavam as crianças pequenas demais para trabalhar aos cuidados dos velhos demais para trabalhar, sabendo que esses cuidadores recitariam poemas de Paul Laurence Dunbar para os filhos. Assim, ainda que um pai estivesse a mais de trinta quilômetros de distância, o filho saberia que ele o amava porque o idoso a seu lado recitaria e representaria:

Bebê pretinho com tanto brilho no olhar,
    Vem cá no meu colo sentar.
O que andou aprontando aí, hein...
        Bolinhos de areia?
Olha esse babador que é terra só.

Olha essa boquinha... você comeu melado, aposto;
    Vem cá, Maria, me dá essa mãozinha pra eu
                                        [limpar.
Senão as abelhas vão te pegar
          e todo esse corpinho elas vão picar,
    de tão docinho que você tá... Minha nossa!
Bebê pretinho com tanto brilho no olhar,
    Quem é a queridinha do papai
        e o xodó do papai?
Quem passou o dia todo
    Sem teimosia nem traquinagem
E não fez uma única bobagem?
              Que tremenda malandrinha!
Donde veio
        essa covinha?
O papai nem desconfia...
             Acho que você não mora aqui;
    Mamãe, esse aqui é
        um estranho que entrou em casa!
Vamos jogá-lo na areia quente,
    Não queremos um estranho inconveniente;
Vamos entregá-lo pro bicho-papão;
    Eu sei que ele se escondeu
        ali embaixo do colchão.
Bicho-papão, vem sem demora,
    Leve essa criança má embora.

Com a mamãe e o papai ela não vai mais ficar,
Leva logo, pode levar!
Pronto, agora me dê
        um abraço apertado.
Vá embora, bicho-papão,
        esse menino é muito amado.
Ele é bonzinho e obediente,
        e além de tudo não mente;
É amigo e parceiro da gente.
Agora vá pra caminha... Fique descansado;
Queria que conhecesse a tranquilidade
        e o céu claro;
Quem dera você nunca crescesse
        pra no meu colo continuar...
        Meu bebê pretinho com tanto brilho no olhar!

A força dos negros norte-americanos para encarar arcos e flechas, as turbas que comandavam linchamentos e a negligência maligna pode ser diretamente atribuída à literatura, à música, à dança e à filosofia, que, a despeito das relevantes tentativas de erradicar tais artes, continuam presentes nas nossas comunidades.

Os primeiros africanos foram trazidos para este país em 1619. Não pretendo sujar a imagem dos meus irmãos e irmãs brancos que tanto se orgulham de descender dos Peregrinos, mas devo recordá-los de que os africanos aportaram em 1619, ou seja, um ano antes da chegada do *Mayflower*. Vivenciamos todas as indignidades que a sádica alma do homem poderia conceber. Fomos linchados, afogados, e acossados, e menosprezados, e injustiçados, e enganados. Apesar de tudo, aqui estamos. Continuamos aqui. Aqui. Somos mais de quarenta milhões, e esse cálculo é feito por baixo. Algumas pessoas juram que há mais de quarenta milhões de negros na Igreja Batista. Não se encontram aí incluídas outras denominações religiosas ou apóstatas ou negros ateus no mundo. Como, então, sobrevivemos?

Sobrevivemos porque criamos arte e usamos a nossa arte de imediato. Chegamos até a nos esconder, bem como a esconder a nossa dor na arte. Langston Hughes escreveu:

> *Porque a minha boca*
> *se escancara com o riso*
> *e a minha garganta*
> *ressoa com o canto*
> *ninguém acha*
> *que eu sofro por ter*
> *suportado a minha dor*
> *tanto tempo.*
>
> *Porque a minha boca*
> *se escancara com o riso*

*Ninguém ouve
meu grito interior
Porque os meus pés
se alegram com a dança
ninguém sabe
que eu morro.*

Ainda que a sociedade em geral pretenda nos convencer de que não fizemos nenhuma contribuição importante para o mundo ocidental — afora o trabalho braçal, é lógico —, os poderes curativos, confortadores e nutrientes da arte estão bem vivos na comunidade negra.

Um incidente ocorrido anos atrás me mostrou o poder das contribuições afro-americanas. Eu fazia parte da companhia de ópera que estava encenando *Porgy and Bess*. Era a primeira bailarina, muito jovem e uma tagarela ignorante. Jamais me identificava como primeira bailarina, preferindo os termos *première danseuse* ou *prima ballerina*. Eu fazia o papel de Ruby, mas cantava sem partitura. Minha formação era de bailarina, não de cantora, mas no coral da igreja eu aprendera a cantar. Porém não era páreo para os demais cantores, ao todo 45, que somados detinham 120 diplomas acadêmicos. Eram tão escassas as oportunidades para cantores negros formados em música clássica que a companhia podia se dar ao luxo de contratar alguém com um diploma da Curtis e outro da Julliard para figurar no coro.

Viajamos por toda a Europa e chegamos ao Marrocos enquanto a companhia enviava os cenários para a Espanha. Cantores de ópera negros, cantores de ópera brancos, cantores de ópera indígenas, cantores de ópera espanhóis, asiáticos... Todos os cantores de ópera são uma coisa só, mais ou menos como os taxistas nova-iorquinos. Vieram do mesmo barro.

O maestro informou aos cantores que, já que os cenários haviam sido despachados para a Espanha, eles seriam obrigados a se apresentar num concerto. Todos estavam prontos. Tinham suas partituras, garanto, em microfichas enfiadas nos saltos dos sapatos. Estavam totalmente prontos.

Eu disse ao maestro:

— Lamento, não canto nenhuma ária. Não é a minha seara.

Ele era russo e tinha um temperamento musical tipicamente russo. Recuando dois passos e agarrando com força os cabelos, ele indagou com um sotaque carregado:

— Mas você não sabe pelo menos um *spiritual*?

Não falei em voz alta, mas pensei: *Vai chover no molhado?* Se eu não sabia um *spiritual*? Cresci na igreja. O domingo todo e todas as noites da semana minha família e eu passávamos na igreja, e cantávamos em todos os cultos. Portanto, é lógico que eu sabia cantar um *spiritual*. Olhei para o russo e respondi:

— Vou tentar me lembrar de algum.

Naquela noite, os outros cantores interpretaram lindamente árias conhecidas da música clássica europeia, sendo recompensados com aplausos calorosos. Já quase no fim do concerto, o maestro me chamou ao palco.

Lembrei-me de uma música que minha avó cantava naquela cidadezinha em Arkansas. Todo domingo, durante dez anos, meu ritual foi o mesmo: nos reuníamos na igreja. Quinze minutos antes do início do culto, o pastor dizia: "Agora teremos o privilégio de ouvir uma música cantada pela irmã Henderson." Todo domingo, minha avó reagia: "Por mim?" Então, sem pressa, olhava para o teto como se refletisse: o que será que eu posso cantar? E todos os domingos cantava a mesma música.

No Marrocos, sozinha no palco, cantei a música dela:

Sou um pobre peregrino desgostoso.
Estou perdido sozinho neste vasto mundo.

Cantei a música toda e, quando acabei, 450 árabes ficaram de pé num salto e começaram a gritar. Eu era jovem e ignorante. Não fazia ideia do poder da arte que eu herdara. Não soube o que fazer. Olhei para os cantores, à minha direita e à minha esquerda no palco, que sempre haviam me considerado uma mascote, já que eu não os ameaçava como cantora. Toda noite, algum deles se aproximava e praticamente me dava um tapinha na cabeça, dizendo: "Maya, me desculpe, mas seu mi foi muito grave" ou "Ah, Maya, seu sol foi demasiado agudo!".

Naquele momento, porém, eu olhava para eles. Olhei para a direita e para a esquerda do palco, onde estavam agrupados me observando, perplexos. Então falei:

— Sinto muito. Sinto muito por ter a glória...

Eles haviam interpretado Respighi, Rossini, Bach, Bloch, Beethoven, lindos *lieder* e adoráveis músicas de Britten e recebido muitos aplausos. E eu cantara o que o reverendo chamava de canto de lamentação, não uma composição de homens livres e bem tratados, não uma composição de alguém reconhecido por ser criativo, e, ainda assim, 450 pessoas tinham pulado na palma da minha mão.

Por quê? Caminhando sozinha naquela noite no Marrocos, na minha primeira visita à África do Norte, eu pensei: *Ok, porque se comoveram com a pungência da minha história de escravidão.* Mais tarde descobri que a plateia não fazia ideia da minha história de escravidão. Por que, então?

A arte importante pertence a todos, o tempo todo — na verdade, é feita para o povo pelo povo.

Tenho escrito a respeito da experiência afro-americana, algo que conheço intimamente. Estou sempre falando sobre a condição humana em geral e a sociedade em particular. O que é ser humano — e norte-americano —, o que nos faz chorar, o que nos faz cair e tropeçar e, sabe-se lá como, levantar e sair da escuridão para a escuridão — aquela escuridão repleta de figuras ou de medo, com os cães em nosso encalço, e os caçadores em nosso encalço, e mais um rio para atravessar e, ai, meu Deus, será que consigo chegar a algum lugar, àquele despertar tranquilo de manhã? Sugiro que seja a arte aquilo que nos permite andar eretos.

Naquela cidadezinha em Arkansas, sempre que me via lendo poesia, minha avó dizia: "Irmã, a vó adora ver você lendo poesia porque isso há de engomar a sua espinha dorsal."

Quando pessoas escravizadas, amarradas pelos pulsos e calcanhares, cantavam

> *Vou continuar correndo*
> *Pra ver no que isso vai dar...*
> *Vou continuar correndo,*
> *Pra ver no que isso vai dar...*

O cantor e a plateia eram levados a entender que, independentemente de como chegamos aqui e das circunstâncias ditadas pelo destino, éramos feitos do mesmo material que ergue nações e produz sonhos. E que viemos para ficar.

> *Vou continuar correndo,*
> *Pra ver no que isso vai dar...*

Se os blues tivessem sido censurados, talvez não viéssemos a saber que a nossa aparência não apenas era aceitável, mas até desejável. A sociedade como um todo nos levava a crer o tempo todo — e continua fazendo isso — que sua ideia de beleza pode ser resumida na afirmação cruel, limitadora, ignorante e ainda vigente que sugere que não se pode ser demasiado magro, demasiado rico ou demasiado branco. Mas tivemos os blues do século XIX nos quais um homem negro nos mostrou, falando de uma mulher que ele amava, que

> *A mulher que eu amo é gorda*
> *E tem a cor do chocolate,*
> *Toda vez que ela ginga,*
> *Uma mulher magricela perde o combate.*

Existem brancos que, com efeito, se postam à janela para contemplar a neve grossa caindo como chuva de algodão, cobrindo os tetos dos carros e as ruas e os hidrantes, e dizem: "Nossa, que dia mais escuro."

Por isso os negros precisaram descobrir maneiras de assumir a própria beleza. Nesta canção, a mulher negra diz:

> *Ele é mais negro que a meia-noite,*
> *Os dentes parecem estandartes da verdade.*

Ele é a melhor coisa em toda St. Louis
Dizem que quanto mais escuro o fruto
Mais doce é seu suco...

Isso é arte viva, criada para encorajar o povo a persistir, ficar de pé, resistir, prosseguir.

Sugiro que desconfiemos de censores que se declaram prontos a proibir a nossa arte para o nosso próprio bem. Sugiro que questionemos seus motivos e cuidemos assiduamente da nossa saúde individual e nacional, bem como do nosso bem-estar geral. Precisamos substituir o medo e a intransigência, o ódio, a timidez e a apatia que correm pela nossa coluna dorsal nacional por coragem, sensibilidade, perseverança e, ouso mesmo dizer, "amor". E com "amor" me refiro àquela condição tão profunda no espírito humano que nos estimula a desenvolver a coragem. Dizem que a coragem é a mais importante de todas as virtudes, porque sem ela é impossível praticar consistentemente qualquer outra virtude.

Precisamos infundir arte em nossa vida. Nossos líderes nacionais precisam ser informados de que queremos que eles usem nossos impostos para apoiar o teatro de rua a fim de ir de encontro às gangues de rua. Deveríamos ter um teatro regional com apoio robusto para ir de encontro ao regionalismo e às diferenças que nos separam. Precisamos nacionalmente apoiar os pequenos, médios e grandes museus de arte que nos mostram imagens de nós mesmos, daqueles de quem gostamos e daqueles que não nos agradam. Sob vários aspectos importantes para nós, precisamos ver os nos desagradam até mais do que vemos aqueles dos quais gostamos, porque de certa forma necessitamos ao menos de visões fugazes do que somos ainda que "como num espelho obscuro".

Nossos cantores, compositores e músicos precisam ser encorajados a cantar a canção da luta, a canção da resistência, resistência à degradação, resistência à nossa humilhação, resistência à erradicação de todos os valores que nos impeliriam adiante como nação. Nossos atores, e escultores, e pintores, e escritores, e poetas precisam ser convencidos de que nós os valorizamos e de que é o trabalho deles, na verdade, que engoma a nossa espinha dorsal.

É preciso que a arte viva plenamente e cresça saudável. Sem ela somos cascas vazias navegando sem rumo sob qualquer vento malfazejo, nossos futuros carecerão de promessa e o nosso presente, de encanto.

Os que realmente sabem ensinar

—Elas não sabem nada de nada, nadinha de nada. — O rosto de Vivian se enrugou numa careta de pena, raiva e repulsa. — Será que não têm mães? Tias? Avós? Nasceram de chocadeiras?

Minha mãe não abaixou o tom, e eu sabia que era inútil tentar desviar sua atenção para outro canto do supermercado. Perto do balcão do açougue, onde estávamos paradas, o ar sombrio e frio cheirava a sangue velho.

— Chegou o dia do pagamento. Ela vai receber o dela ou o do companheiro e vai comprar dois bifes e alguns gramas de hambúrguer, e Deus sabe que carne é aquela que moeram.

Uma jovem negra, o alvo do comentário, ergueu a cabeça na nossa direção e, com um olhar fulminante, abruptamente nos deu as costas. Eu quase a abracei, pois entendi por completo a sua reação.

Mulheres negras mais velhas são capazes de escalpelar alguém com o emprego habilidoso de certas palavras e uma determinada cadência no discurso. O processo se chama "soltar indiretas" e sua origem é africana. Como a vítima do comentário jamais é abordada abertamente nem chamada pelo nome, não há a possibilidade de resposta, salvo um revirar de olhos, um muxoxo ou um dar de ombros de um jeito que sugira "Xô, mosca, pare de me incomodar".

— É por isso que quero abrir uma escola de culinária. Ela poderia ser a minha primeira aluna. Eu lhe mostraria que é melhor comprar uma peça inteira de carne, cortar em bifes e polvilhar amaciante para carnes e alho em pó. Ah, ela economizaria dinheiro e faria uma comida tão boa que o marido a cobriria de elogios.

Minha mãe falava comigo, mas olhei para a mulher e a flagrei sorrindo.

— Eu lhe mostraria como transformar asas de peru num prato tão gostoso que faria um coelho abraçar um perdigueiro e um pastor deixar a Bíblia de lado.

A mulher se virou, olhou para a minha mãe e abriu um vasto sorriso, antes de dizer:

— Nossa, com certeza quero aprender a fazer isso.

Minha mãe teve a ousadia de mostrar surpresa:
— Não entendi.

A mulher nada disse, mas continuou sorrindo. Minha mãe emendou:

— Ah, você deve ter ouvido o que falei com a minha filha. Esta é a minha filha, Maya. Qual é o seu nome?

— Ophelia — respondeu a moça, estendendo a mão.

— Sim, eu ouvi a senhora falar de bifes e asas de peru. Adoro peru, mas nunca aprendi a cozinhar as asas. Minha mãe ainda segurava a mão da mulher quando se virou para mim.

— Meu bem, peça linguiça e uma bela peça de carne para assar. Vou convidar esta jovem para um cafezinho ali no balcão.

Ela sorriu para mim, para a mulher, para o mundo e para a vida e completou:

— Venha, Ophelia, vou lhe contar uns segredos domésticos.

Observei Ophelia seguir a minha mãe, que continuava a segurar sua mão.

Muita gente tem diploma de magistério, mas é preciso vocação para ser um verdadeiro professor. E, acima de tudo, é preciso um bocado de coragem.

A vocação informa ao professor que seu conhecimento é necessário em áreas não mapeadas, e a coragem o faz ousar empreender a viagem. Minha mãe tinha ambas.

Até as estrelas parecem solitárias

Durante a década de 1960, uma conhecida minha deixou seu lar no Mississippi. Largou a família, a igreja e seu círculo social. Largou o coral e os pretendentes, segura de que a sua beleza incomum a faria encontrar a verdadeira vida da alta sociedade na cidade grande.

Mudou-se para Chicago, arrumou um subemprego e um quartinho diminuto. Para sua decepção, ninguém prestou muita atenção nela, já que existiam moças mais bonitas e também mais divertidas, que se vestiam de um jeito mais sofisticado.

Em vez de tentar recriar a atmosfera que abandonara, em vez de tentar formar um círculo de verdadeiros amigos, em vez de procurar uma igreja e participar do coral, ela optou por frequentar bares de solteiros e, num gesto de desespero, procurou e encontrou companhias que levava para o quarto modesto para passar a noite a qualquer custo.

Eu a conheci num bar em Chicago que ela frequentava. Havia assinado um contrato de duas semanas para cantar no Mr. Kelly's e, apesar do meu nervosismo de estreia, reparei nela na primeira noite.

A roupa era justa demais, a maquiagem, pesada demais, e seus aplausos, ruidosos demais. Ela ria com demasiada frequência, e havia uma ansiedade patética pairando à sua volta. Puxamos conversa na terceira noite, e na quarta ela me contou sua história, que me impressionou e entristeceu. Perguntei-lhe por que não tinha voltado para casa. Ela respondeu que os parentes haviam morrido e ninguém na cidade queria saber dela.

Na história bíblica, o filho pródigo arrisca e, durante algum tempo, perde tudo devido a uma sede incontrolável de companhia. Primeiro, ele pede e recebe sua herança, sem se importar com o fato de que o pai, de quem por convenção herdaria, ainda fosse vivo e que, ao exigir sua parte, talvez pusesse em perigo a estabilidade financeira da família. A parábola relata que, após receber seu legado, o filho partiu para uma terra distante e lá encontrou companhia. Uma vida de esbanjamento afogou sua solidão e companheiros de farra apaziguaram sua inquietação.

Durante algum tempo, sentiu-se realizado, mas perdeu o respeito dos amigos. Conforme o dinheiro acabava, ele descia a ladeira íngreme que vai dar no ostracismo social.

Sua situação de tal forma se deteriorou que ele precisou alimentar os porcos, até chegar ao ponto de só lhe restar comer com eles. Ninguém é solitário na Babilônia. Evidentemente, é preciso se atentar para quem — ou, no caso do filho pródigo, para o que — nos faz companhia.

Muita gente me faz lembrar da jornada do filho pródigo. Muitos acreditam que precisam de companhia a qualquer custo e, decerto, se algo é desejado a qualquer custo, será obtido à custa de tudo.

Precisamos lembrar e ensinar a nossos filhos que a solidão pode ser uma situação almejável. Não só é aceitável estar sozinho, como às vezes chega a ser de fato desejável.

É nos intervalos entre os momentos em que temos companhia que surge a oportunidade de falarmos conosco e, no silêncio, ouvirmos nossa própria voz. Então, nos fazemos perguntas, nos descrevemos para nós mesmos e nessa quietude talvez ouçamos até a voz de Deus.

Direção editorial
Daniele Cajueiro

Editora responsável
Ana Carla Sousa

Produção editorial
Adriana Torres
Laiane Flores
Mariana Oliveira

Revisão de tradução
Marcela Ramos

Revisão
Mariana Bard

Diagramação
Leticia Fernandez

Este livro foi impresso em 2024, pela Corprint,
para a Nova Fronteira.
O papel do miolo é pólen 80g/m² e o da capa é cartão 250g/m².